Chris Chesterton

Bibel-Fix 3

Dass originelles und gut aufbereitetes Material für die Arbeit mit Kindern immer gefragt ist, beweist der Erfolg der bisherigen Bibel-Fix-Menüs. Kinderleicht umzusetzen sind auch die 77 neuen Ideen: mit wenigen Mitteln, aber dafür mit um so mehr Wirkung. Biblische Texte werden lebendig durch gestalterische Elemente und packende Geschichten. Wichtige Fragen rund um den Glauben werden so kindgerecht vermittelt.

Chris Chesterton war früher Lehrer, hat dann aber viele Jahre als Sozialarbeiter mit Kindern und Jugendlichen gearbeitet. Er liebt originelle Methoden, um die Aufmerksamkeit seines jungen Publikums zu fesseln: mit kleinen Theaterstücken, verblüffenden Experimenten und sogar als Bauchredner. Heute ist der Engländer für die Anglikanische Kirche im Bereich Arbeit mit Kindern tätig.

Chris Chesterton

Bibel-Fix 3

77 Kinderandachten

R. BROCKHAUS

Die englische Originalausgabe erschien
unter dem Titel: »77 Talks for 21st Century Kids«
bei Monarch Books, Angus Itudson Ltd, Concorde House,
Greenville Place, Mill Hill, London NW7 3SA

Deutsch von Ulrike Chuchra

RB*taschenbuch Bd. 582*

2. Auflage 2001

Umschlag und Kapitel-Symbole: Dietmar Reichert, Dormagen
Gesamtherstellung: Breklumer Druckerei Manfred Siegel KG
ISBN 3-417-20582-4
Bestell-Nr. 220 582

INHALT

Teil

Gott, du und ich

Gott ist ewig

Biblischer Bezug: 1. Timotheus 1,17

Zielgedanke: Es hat schon immer zum Leben des Menschen gehört, über das Wesen Gottes nachzudenken.

Material: Tafel oder Overheadprojektor, einige Beispiele von Hieroglyphen oder chinesischen Schriftzeichen

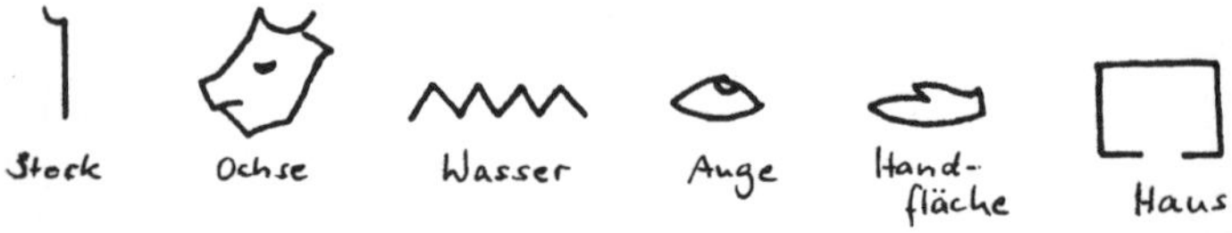

Während die Kinder zusehen, schreibst du an die Tafel oder auf die Folie: »Gib Abubu acht Portionen von ...« Diese Worte wurden vor 4500 Jahren in der Wüste Sinai an die Wand einer ägyptischen Türkismine geschrieben. Wir wissen nicht, wer Abubu war oder wovon er acht Portionen bekommen sollte. Der Schluss des Satzes ist nicht erhalten geblieben. Aber wir können wohl ziemlich sicher sein, dass es hier nicht um Pizza ging! Vielleicht möchten die Kinder selbst ein paar Vermutungen äußern?

Trotzdem sind diese Worte überaus wichtig. Uns interessiert gar nicht, *was* sie aussagen, sondern *wie* sie geschrieben sind. Denn diese Worte, die an der Wand des Bergwerks eingeritzt sind, sind weltweit die ersten, die ein Alphabet, also eine beschränkte Anzahl von Buchstaben, benutzen. Alle älteren Schriften sind in Hieroglyphen verfasst – das bedeutet, für jedes

Wort wurde ein anderes Bild oder Symbol verwendet (du zeigst Beispiele). »Stellt euch nur mal vor, in der Schule würdet ihr die Wörter nicht aus 26 Buchstaben zusammensetzen, sondern müsstet euch für jedes Wort ein eigenes Bildsymbol einprägen! Das wäre ja so, als würdet ihr Chinesisch lernen!« Das Alphabet gehört zu den bedeutendsten menschlichen Erfindungen aller Zeiten.

An der Wand dieser Mine ist noch ein anderer Satz eingeritzt. Da steht (du schreibst wieder kommentarlos): »Gott ist ewig.«

Gott ist ewig. Er ändert sich nie. Er ist außerhalb unserer Zeit. Er war schon da, bevor das Weltall erschaffen wurde, und er wird noch da sein, wenn es aufgehört hat zu existieren.

Mit geschriebenen Worten kann man ganz einfache praktische Mitteilungen machen, wie z.B.: »Vergiss nicht die Tür abzuschließen, wenn du gehst«, oder: »Gib Abubu acht Portionen von dem süßsauren Kameleintopf.« Man kann aber auch Botschaften niederschreiben, die für alle Zeiten und alle Menschen gelten: »Gott ist ewig.«

In einem Brief, der 2500 Jahre nach der Botschaft des Minenarbeiters geschrieben wurde und der in der Bibel steht, finden wir folgendes Gebet: »Gott aber, den ewigen König, der unvergänglich ist und den keine menschliche Vorstellungskraft jemals erfassen kann, diesen einzig wahren Gott wollen wir bis in alle Ewigkeit loben und ehren. Amen, das ist wahr und gewiss!« (1. Timotheus 1,17)

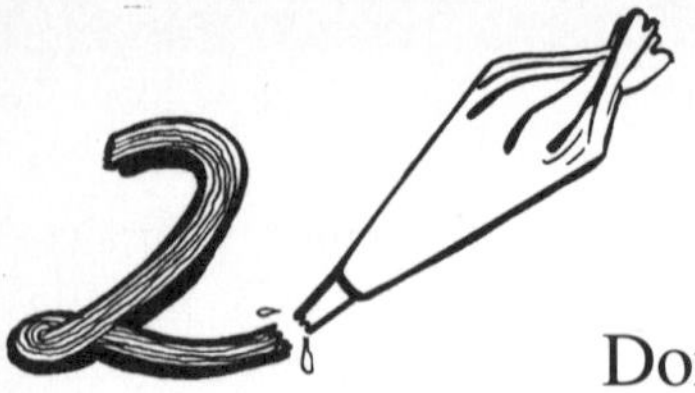

Donner vom Himmel

Biblischer Bezug: 2. Samuel 22,5-20

Zielgedanke: Zum Thema Gewitter verknüpfen wir einige Sachinformationen mit einem Loblied Davids aus der Bibel.

Material: Taschenlampe oder Blitzgerät eines Fotoapparates, ein großes Stück Pappe.

Du erinnerst die Kinder an ein Gewitter, das vor kurzem war, oder erzählst, wie du selbst mal ein Gewitter erlebt hast. Blitz und Donner flößen manchen Menschen Angst ein, während andere diese Naturereignisse großartig finden. Egal wie man ein Gewitter erlebt – einen Blitz kann man kaum übersehen, wenn er in der Nähe aufleuchtet. Er ist ein gigantischer Funke, der zwischen einer Wolke und der Erde hervorspringt. Die Temperatur, die dabei entsteht, beträgt um die 30.000 Grad. Das führt dazu, dass sich die Luft mit Überschallgeschwindigkeit ausdehnt, und diese Explosion heißer Luft nach dem Blitz hören wir als Donner.

Man kann ungefähr ausrechnen, wie weit entfernt das Gewitter ist. »Wisst ihr, wie man das macht?« Wenn keins von den Kindern es weiß, erklärst du es: Man zählt die Sekunden zwischen dem Blitz und dem Krachen des Donners. »Aber wisst ihr auch, warum die Zeit zwischen den beiden etwas mit der Entfernung zu tun hat?«

Weil sich das Licht so schnell fortbewegt, sehen wir den Blitz sofort. Der Schall dagegen braucht viel länger, er legt ungefähr einen Drittel Kilometer pro Sekunde zurück. Das verrät uns, wie weit das Gewitter entfernt ist: ein Drittel Kilometer pro Sekunde, die wir zählen, oder einen Kilometer in drei Sekunden.

Bei einem »künstlichen« Gewitter können die Kinder das selbst ausprobieren. Dabei sollten sie die Sekunden langsam zählen (»eins – und – zwei – und – drei – und ...«). Den Blitz imitierst du mit der Taschenlampe oder dem Blitzgerät und das Donnergeräusch, indem du die große Pappe schnell hin und her bewegst oder darauf schlägst.

Früher dachten die Menschen oft, dass irgendwelche Götter für die Gewitterstürme verantwortlich wären. Heute wissen wir, wie Gewitter entsteht, aber trotzdem erinnert uns die unheimliche Kraft des Gewitters immer noch daran, wie klein wir eigentlich sind. Solche Naturereignisse können uns zeigen, wie viel Macht Gott hat. Aber wir wissen, dass Gott uns liebt, und deshalb brauchen wir vor dieser Macht gar keine Angst zu haben, sondern können uns gerade besonders sicher fühlen, weil Gott uns beschützt.

So erlebte es auch David – der David, der Goliat tötete und später vor König Saul fliehen musste. Er schrieb einmal ein Lied über eine Situation, in der es ihm so schlecht ging, dass er am liebsten aufgegeben hätte. Aber dann erinnerte ihn ein gewaltiges Gewitter an die Macht Gottes, und er wusste, dass dieser Gott ihn liebte und beschützte. Den Text dieses Liedes finden wir in der Bibel.

Nun liest du 2. Samuel 22,5-20 vor. Die Verse sollten wie bei einer Theateraufführung möglichst lebendig und ausdrucksstark dargeboten werden.

Kängurus und Manna

Biblischer Bezug: 2. Mose 16

Zielgedanke: Gott kann in verzweifelten Situationen weiterhelfen.

Material: keins

Heute möchte ich euch ein Spiel beibringen, mit dem ihr eure Lehrer, Eltern oder andere Erwachsene an der Nase herumführen könnt. Und es ist ganz einfach: Wenn jemand euch eine Frage stellt und ihr die Antwort nicht wisst, sagt ihr einfach »Känguru.«

Probier das mit ein paar Fragen aus, die du den Kindern stellst, z.B.: Welches Lied hat 1983 den Grand Prix d'Eurovision gewonnen? Wie heißt der Oberbürgermeister von Biberach? Wie hoch ist der höchste Berg in Afrika?

Und wenn der Erwachsene sich über die alberne Antwort aufregt, sagt ihr einfach, dass ihr die Sprache der australischen Ureinwohner, der Aborigines, übt. James Cook, der Mann, der Australien entdeckt hat, konnte sich mit den Aborigines am Anfang ja gar nicht verständigen, aber er und seine Männer fingen an ein paar Worte der einheimischen Sprache zu lernen. Als James Cook fragte, wie die lustig springenden Tiere hießen, die er dort zum ersten Mal sah, antworteten die Aborigines: »Ich weiß es nicht.« In ihrer Sprache klang das wie »Känguru«. Deshalb hüpfen bis heute Millionen von »Ich weiß es nicht« in Australien herum.

Ein ähnlich merkwürdiges Wort stammt aus der Geschichte des Volkes Israel, als es nach der Flucht aus der ägyptischen Sklaverei durch die Wüste zog. Lebensmittel waren knapp und die Israeliten hatten Angst, sie würden verhungern. Ihr Anführer Mose betete deshalb zu Gott und am Morgen lagen dann lauter kleine weiße Körner auf dem Boden, die aussahen wie Reif. »Was ist das bloß? Was ist das bloß?«, riefen alle. Schließlich traute sich jemand, von den Körnern zu probieren – sie schmeckten so ähnlich wie Honigwaffeln. Das israelische Wort für »Was ist das bloß« hieß: »Manna«. Die Israeliten wurden also durch »Was-ist-das-bloß« vor dem Hungertod bewahrt.

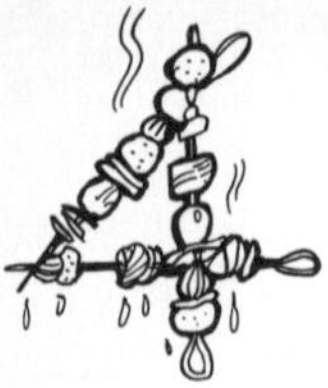

Mit eigenen Augen

Biblischer Bezug: 1. Johannes 1,1-2

Zielgedanke: Manche Dinge kann man kaum glauben, bis man sie mit eigenen Augen gesehen hat.

Material: ein Lineal (30 cm); ein Hammer; eine 24 cm lange Schnur (die Enden so verknotet, dass eine Schlaufe mit etwa 16 cm Umfang entsteht)

Du balancierst das Lineal auf einem ausgestreckten Finger. Dann zeigst du den Kindern ein Fünfpfennigstück: »Was passiert wohl, wenn ich die Münze auf ein Ende des Lineals lege?« Richtig: Das Lineal kommt aus dem Gleichgewicht und fällt zu Boden.

Danach probiert ihr zusammen aus, was passiert, wenn das Lineal mit dem Geldstück so auf den Finger gelegt wird, dass es auf einer Seite weiter übersteht als auf der anderen.

»Und was meint ihr, was passiert, wenn ich das Lineal noch weiter hinüberschiebe und etwas richtig Schweres, wie diesen Hammer, ans Ende der längeren Seite hänge? Kann ich damit ein Gleichgewicht herstellen? Nein? Und ob ich das kann! Ihr glaubt mir nicht? Na gut, dann seht mal her!«

Nun schiebst du die Schlaufe über das Lineal und hängst den Hammer hinein, wie es die Abbildung nebenan zeigt. Anschließend kannst du tatsächlich ein Gleichgewicht herstellen! Du solltest das Experiment auf jeden Fall vorher ausprobiert haben, so dass die Schlaufe und deren Abstand zum Ende des Lineals (ca. 9 cm) stimmen. Das Ganze klingt übrigens viel komplizierter, als es ist.

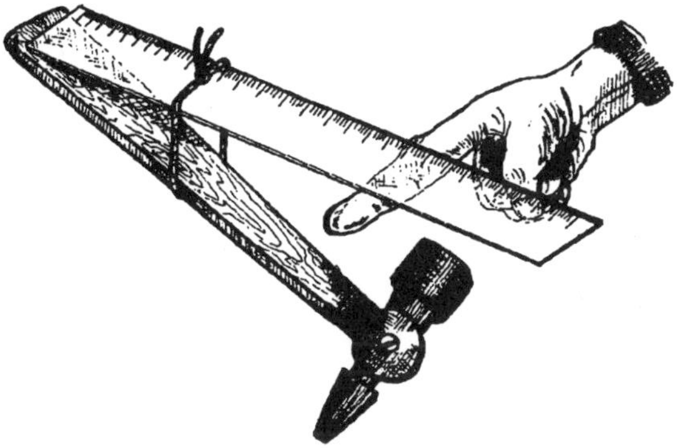

Wenn du das Experiment selbst ausgeführt hast, legst du das Lineal über den Finger eines Kindes, damit alle sehen können, dass es kein Trick ist.

»Seht ihr? Ihr hättet nie geglaubt, dass das funktioniert, wenn ihr es nicht mit eigenen Augen gesehen hättet. Aber der schwere Hammer ist nicht runtergefallen!«

Johannes war einer der engsten Freunde Jesu. Er hatte erkannt, dass Jesus wirklich der Sohn Gottes war. Jesus selbst war der Sinn des Lebens. Und er, Johannes, hatte ihn gesehen, war mit ihm unterwegs gewesen, hatte ihm zugehört und war mit ihm befreundet gewesen. Wenn du jetzt 1. Johannes 1,1-2 liest, versuch etwas von dem Staunen rüberzubringen, das den Schreiber bewegte: »Christus war von allem Anfang an da. Jetzt aber haben wir ihn selbst gehört. Wir haben ihn mit unseren eigenen Augen gesehen und mit unseren Händen berühren können, ihn, der uns die Botschaft vom Leben brachte. Ja, Christus selbst ist das Leben. Das haben wir gesehen und das können wir bezeugen. Deshalb verkünden wir diese Botschaft von Christus, der das ewige Leben bringt. Er ist von Gott, dem Vater, gekommen und hat als Mensch unter uns gelebt.«

Für die Menschen um Jesus war wichtig zu sehen, was er tat, und zu hören, was er sagte. Seine engsten Freunde waren davon überzeugt, dass er der Sohn Gottes war, weil sie mit eigenen Augen gesehen hatten, was für erstaunliche Werke er tat.

Buntes Weiß

Biblischer Bezug: Johannes 8,12; Offenbarung 1,14+16

Zielgedanke: Heiligkeit ist weder trostlos noch langweilig.

Material: Overheadprojektor; ein Prisma und eine Scheibe mit Regenbogenfarben (wie sie im Physikunterricht benutzt werden); einige bunte Gegenstände (z.B. Kinderbilder, Poster, Blumen, Kleider etc.)

»Welches sind eure Lieblingsfarben? Warum habt ihr die besonders gern?« Ihr unterhaltet euch eine Weile über Farben und ihre Wirkung auf uns. Dann schaltest du den Overheadprojektor an. »Das Licht sieht doch ganz weiß aus, oder? Aber wenn man das Licht mit diesem Prisma bricht, entsteht ein Regenbogen. Mit der bunten Scheibe ist es genau andersherum: Sie sieht ganz bunt aus, aber wenn man sie ganz schnell dreht, ist sie weiß.«

»Wenn Jesus auf einem Kunstwerk abgebildet ist, welche Farbe hat sein Gewand dann meistens?« Weiß. Woran liegt das?

Die Farbe Weiß steht bei uns für Reinheit, Güte und Heiligkeit. Und oft denken wir, Güte und Heiligkeit seien stumpfsinnig, fade und langweilig – ganz anders als vieles, was wir mit bunten Farben verbinden. Aber Jesus hat gesagt: »Ich bin das Licht für die Welt.« (Johannes 8,12)

Der Apostel Johannes sah Jesus in einer Vision und beschrieb ihn so: »Die Haare auf seinem Kopf waren wie weiße Wolle, ja leuchtend weiß wie Schnee. Seine Augen glühten wie Feuerflammen (...) Sein Gesicht leuchtete strahlend hell wie die Sonne.« (Offenbarung 1,14+16)

Ist weißes Licht farblos? Nein! Es vereinigt alle Farben des Regenbogens in sich. Die Bibel sagt uns, dass Jesus an der Erschaffung der Welt beteiligt war (Johannes 1,3) – alles Bunte, alles Aufregende, alles, was wirklich Spaß macht, wurde von ihm gemacht. Reinheit und Heiligkeit sind nicht langweilig – sämtliche bunte Farben der Welt wirbeln umeinander und verbinden sich zu einem blendend weißen Licht: Jesus.

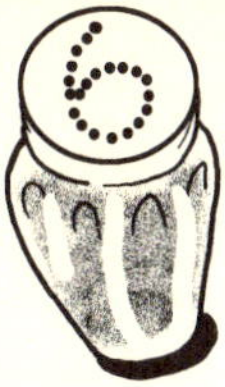

Heilende Berührung

Biblischer Bezug: Markus 1,40-45

Zielgedanke: Jesus ist barmherzig.

Material: grob gerissene alte Stoffstreifen

Du brauchst einen Freiweilligen aus der Gruppe, jemanden, der gut schauspielern kann. Dazu forderst du die Kinder auf, ein ganz trauriges Gesicht zu machen, und das Kind, dem es gut gelingt, darf dir helfen. Du setzt es auf einen Stuhl und wickelst ihm die Stoffstreifen als groben Verband um beide Hände.

Nun erzählst du, wie krank dieser Mann war und dass sich keiner in seine Nähe traute. Er hatte Lepra – oder Aussatz, wie es in der Bibel genannt wird. »Wir können uns kaum vorstellen, was das bedeutet – die Nerven sterben ab und man hat kein Gefühl mehr in den Händen und Füßen. Und weil man auch keinen Schmerz mehr spürt, wenn man sich verbrennt oder verletzt oder gegen etwas stößt, verstümmelt man sich selbst und verliert Finger oder Zehen.«

Aus Angst sich anzustecken wollte keiner in die Nähe dieses Mannes kommen, geschweige denn ihn berühren. Er musste in einer Höhle wohnen, denn die Menschen ließen es nicht zu, dass er in eine Stadt oder in ein Dorf kam. Seit Jahren hatte ihn keiner mehr umarmt oder gedrückt. Mit entsprechenden Bewegungen und Körperausdruck kannst du diese schreckliche Situation für die Kinder besonders eindrücklich machen. Dann erzählst du dic Geschichte aus Markus 1,40-45.

Wenn du an die Stelle kommst, wo Jesus den Kranken segnet, dann leg deine Hand auf den Kopf des Kindes. »Jesus musste den Kranken nicht berühren, um ihn zu heilen, sondern er wollte ihm damit zeigen, wie lieb er ihn hatte.«

Du nimmst den Verband ab und erzählst, dass der Mann zum Priester gehen musste (so wie wir heute zum Arzt gehen), um zu zeigen, dass seine Hände von dem Aussatz geheilt waren (Vers 44).

Jesus schärfte dem Geheilten ein, nicht überall herumzuerzählen, was passiert war (Vers 43). »Warum hat er das wohl gemacht?« Wenn die Menschen erfuhren, dass Jesus einen Leprakranken berührt hatte, hätten sie Angst, er könnte sich angesteckt haben, und würden ihm aus dem Weg gehen. Der Mann war aber viel zu aufgeregt, um dieses Geheimnis für sich zu behalten. Er erzählte es jedem, so dass Jesus aus der Stadt fliehen musste (Vers 45).

Jesus hatte den Auftrag, von Ort zu Ort zu ziehen und den Menschen vom Reich Gottes zu erzählen. Aber er war bereit, für einen armen Menschen, der seit Jahren nicht mehr umarmt worden war und der sich nach einer Berührung sehnte, alles andere aufs Spiel zu setzen. Zum Glück wollten die Leute trotzdem zu Jesus, sie kamen überall hin, auch in die ganz einsamen Gegenden.

Der Narr Gottes

Biblischer Bezug: Sprüche 15,13

Zielgedanke: Fröhlichkeit und Gottesdienst sind keine Gegensätze.

Material: keins

»Wie wär's mit einem kleinen Wettkampf: Wer erzählt den schlechtesten Witz der Welt?« Gewonnen hat derjenige, bei dessen Witz die anderen am lautesten stöhnen. Alle Beiträge müssen vorher einem Mitarbeiter ins Ohr geflüstert werden, um unpassende Späße zu vermeiden.

Es gab im sechzehnten Jahrhundert einen sehr gläubigen Mann, der ein ganz besonderer Typ war. Filippo Neri. Filippo war ursprünglich Geschäftsmann, bis er Gott begegnete. Er beschloss daraufhin, ein einfaches Leben zu führen und nur das zu behalten, was absolut notwendig war. Er studierte Theologie in Rom und machte es sich dann zur Aufgabe, anderen jungen Geschäftsleuten, wie er selbst einmal einer gewesen war, von Gott zu erzählen.

Filippos größte Freude war es, Gott in der Einsamkeit anzubeten. Trotzdem nutzte er jede Gelegenheit, Menschen in Not zu helfen. Und er machte dabei kein ernstes Gesicht, sondern war immer fröhlich und erzählte gern witzige Geschichten. Manchmal sah man ihn mit nur halb rasiertem Bart, oder wie er in aller Öffentlichkeit tanzte. Viele Menschen kamen zu ihm, um seinen Rat zu hören, ganz arme Menschen ebenso wie Kardinäle und sogar Könige. Wenn eine wichtige Persönlichkeit zu ihm kam, ließ Filippo ihm ein lustiges Buch vorlesen. Das war vielleicht seine Art jemandem zu sagen, dass er sich nicht zu wichtig nehmen sollte – und deshalb nannte man ihn wohl auch den »Narr Gottes«.

Filippo kannte bestimmt auch den folgenden Vers aus dem Alten Testament: »Einen fröhlichen Menschen erkennt man an seinem strahlenden Gesicht, aber einem verbitterten fehlt jede Lebensfreude.« (Sprüche 15,13)

Christ zu sein bedeutet nicht, mit einem langen Gesicht herumzulaufen und anderen den Spaß zu verderben. Filippo Neri ist ein Beispiel dafür, dass man gleichzeitig lachen, Gott dienen und anderen Menschen helfen kann.

Hier noch ein schlechter Witz für den Wettbewerb: »Wisst ihr übrigens, wie man einen weiblichen Pastor nennt? – Pastete!«

Von der Zelle zum Gehirn

Biblischer Bezug: Jesaja 59,1

Zielgedanke: Gott hört unsere Gebete.

Material: ein Eiswürfel; ein noch warmes gekochtes Ei (oder etwas anderes Kaltes und Heißes); ein Schal

Für die folgende Demonstration brauchst du einen Freiwilligen, der mit hoch gekrempelten Ärmeln und Hosenbeinen auf einen Stuhl gesetzt wird. Du verbindest dem Kind die Augen und erklärst: »Ich berühre dich gleich an deinen Armen oder Beinen, und du sagst, wie es sich anfühlt und zeigst auf die Stelle, okay?«

Obwohl nur eine ganz leichte Berührung erfolgt, können wir sofort spüren, ob etwas heiß oder kalt ist. Jede Zelle unseres Körpers erreicht durch die Nervenbahnen auf direktem Weg das Gehirn.

Manchmal kommt es uns vielleicht komisch vor zu beten, das heißt, mit Gott zu reden. Aber eigentlich besteht da eine große Ähnlichkeit mit den Botschaften, die unsere Zellen ans Gehirn schicken. Ein winziges Stückchen Haut auf halber Höhe des linken Beins scheint nicht besonders wichtig zu sein, aber in dem Moment, wenn der Eiswürfel es berührt, wird eine Botschaft ans Gehirn geschickt, und das Gehirn nimmt sie wahr.

Genauso kann jeder von uns, egal wie klein oder unbedeutend wir uns vorkommen, durch das Gebet eine Botschaft an Gott schicken, und Gott hört sie. Manchmal zweifeln wir daran, aber in der Bibel steht es ganz klar: »Seht her, die Hand des Herrn ist nicht zu kurz, um zu helfen, sein Ohr ist nicht schwerhörig, so dass er nicht hört.« (Jesaja 59,1)

Wenn die Nervenzellen keinen Kontakt zum Gehirn haben, spüren wir nichts mehr, auch keinen Schmerz. So ist das zum Beispiel bei Menschen, die Lepra haben. Ihnen passiert so oft etwas Schlimmes, weil sie den Schmerz nicht als natürlichen Schutz haben.

Vielleicht ist das ein Grund, warum auf der Welt so viele Unglücksfälle passieren: Die einzelnen »Zellen«, die Menschen, wissen nicht, wie wichtig es ist, mit Gott, dem »Gehirn«, in Verbindung zu bleiben.

9 Ein Löffel im Schuh

Biblischer Bezug: Josua 3 und 4,1-7

Zielgedanke: Gott hilft uns an Dinge zu denken, die wichtig sind.

Material: einige Steine, die auf einem Tisch aufgeschichtet sind (oder eine Kopie der Abbildung auf Papier oder Folie für den Overheadprojektor); einige Gegenstände, die sich ganz offensichtlich nicht an ihrem normalen Platz befinden (z.B. ein Schal, der um die Türklinke geknotet ist oder ein Poster, das verkehrt herum hängt o.ä.)

»Wer von euch hat schon mal Ärger bekommen, weil er etwas vergessen hatte, was er zur Schule mitbringen sollte?« Vielleicht erzählst du auch ein eigenes Erlebnis, wie du etwas vergessen hattest und welche Folgen das hatte.

Was tun wir, wenn wir an etwas denken wollen? Wir machen uns einen Zettel – und dann vergessen wir draufzuschauen. Eine gute Hilfe um das Gedächtnis auf Trab zu bringen ist, einen Gegenstand an einen falschen Platz zu legen, und zwar so, dass man ihn nicht übersieht.

Ein Beispiel: Wenn du daran denken sollst, irgendwelche Zutaten fürs Mittagessen aus dem Gefrierschrank zu nehmen, dann leg einfach einen Löffel in einen der Schuhe, die du zur Schule anziehst. Wenn du dann am Morgen in die Schuhe schlüpfst, siehst – oder spürst – du den Löffel und erinnerst dich an das Essen im Gefrierschrank. Es kommt darauf an sich etwas auszudenken, was einem auf jeden Fall im richtigen Moment ins Auge springt!

Gott benutzt doch tatsächlich das gleiche Mittel, wenn er möchte, dass jemand an etwas Wichtiges denkt. Oft ist das allerdings etwas, das in der Vergangenheit liegt.

»Diese Steine waren z.B. Gottes Löffel-im-Schuh-Methode, um zu erreichen, dass die Menschen einen aufregenden Tag in der Geschichte Israels nicht vergaßen.« Du erzählst die Geschichte aus Josua 3 und erklärst den Kindern, welche Anweisungen Gott dem Josua in Josua 4,1-7 für die Steine gab. Der Sinn war, dass die kommenden Generationen die Steine sehen und nach ihrer Bedeutung fragen würden: »Wenn eure Kinder später einmal fragen, was diese Steine bedeuten, dann erklärt ihnen: ›Als man hier die Bundeslade hindurchtrug, staute sich das Wasser des Jordan und wir konnten durch das Flussbett ziehen. Daran soll dieses Denkmal die Israeliten zu allen Zeiten erinnern.‹« (Josua 4,6-7)

Ganz schön mutig

Biblischer Bezug: Hebräer 12,1-3

Zielgedanke: Wir brauchen viel Mut, um unser Leben von unserem Glauben bestimmen zu lassen.

Material: eine Augenbinde; eine Kanne mit kaltem Tee oder Wasser; eine Tasse; ein Teller; ein Messer; eine Scheibe Brot; etwas Butter; Küchentücher bzw. ein Lappen

Du verbindest einem der Kinder die Augen. Es muss sich nun vorstellen, es wäre blind und wollte sich Frühstück machen. Die Aufgabe ist, eine Tasse Tee einzugießen und ein Butterbrot zu schmieren. Das Kind muss sich dabei ganz auf seinen Tastsinn verlassen.

Nachdem alle gesehen haben, wie schwierig etwas so Alltägliches mit verbundenen Augen ist, fragst du die Kinder, ob sie sich vorstellen könnten, einen Berg zu besteigen, wenn sie blind wären – und zwar einen richtig hohen, mit Eis und Schnee auf dem Gipfel. Überlegt gemeinsam, wo die Schwierigkeiten liegen würden, aber auch, was vielleicht eine ganz tolle Erfahrung dabei sein könnte.

Der höchste Berg Europas ist der Montblanc in den Alpen. Er ist 4807 Meter hoch. Die beiden Bergsteiger Dave Hurst und Alan Matthews haben ihn 1988 tatsächlich bestiegen. Sie waren die ersten Blinden, die den Gipfel erreichten. Über diese großartige Leistung waren sie sicher sehr stolz und glücklich.

Es hat sicher sehr viel Mut gekostet, als Blinder den Montblanc zu besteigen. Es kostet Mut, zu einer Reise aufzubrechen, wenn man das Ziel nicht sehen kann. Wir Christen glauben, dass das Leben eine Reise zu einem unsichtbaren Ziel, dem Himmel, ist. Wir nehmen die Herausforderung an und stellen uns den Problemen, die es unterwegs gibt. Es ist aufregend und macht uns froh, wenn wir zurückblicken und sehen, wie weit wir schon gekommen sind. Wir glauben, dass unsere Freude noch viel größer wird, wenn wir am Ende den »Gipfel« erreicht haben. Paulus vergleicht unser Leben zwar nicht mit einer Bergbesteigung, aber mit einem Wettlauf – und dabei kommt es eben auch auf das Ziel an (Hebräer 12,1-3)!

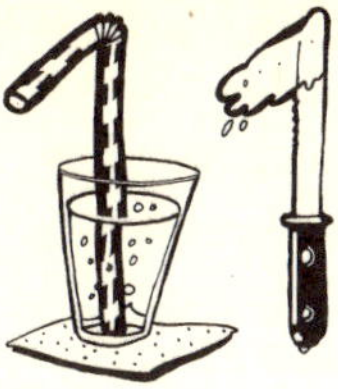

Zwei Fische

Biblischer Bezug: Kolosser 3,1+8-10

Zielgedanke: Jesus verändert unser Leben.

Material: Overheadprojektor; das Fischsymbol als Zeichnung; die griechischen Buchstaben für das Wort ICHTHYS (siehe Abbildung); acht Streichhölzer, Zahnstocher oder etwas Ähnliches

I X Ø U Σ

»Wo habt ihr einen solchen Fisch schon mal gesehen?« Am Auto, auf einem Kuli usw.

Mit diesem Zeichen haben sich Christen untereinander zu erkennen gegeben, als sie in Rom verfolgt wurden. Zu dieser Zeit wurde allgemein Griechisch gesprochen und das griechische Wort für Fisch war »Ichthys«. Die fünf Buchstaben, mit denen das Wort geschrieben wird, sind gleichzeitig die Anfangsbuchstaben der griechischen Bezeichnungen für »Jesus Christus, Gottes Sohn, Erlöser«. Deshalb konnten die Christen in Rom die zwei gebogenen Linien, die eine einfache Fischzeichnung ergeben, als Geheimzeichen verwenden, um zu zeigen, dass sie Anhänger von Jesus Christus waren.

»Die Christen damals waren ganz schön clever, oder?« Jetzt können die Kinder zeigen, wie einfallsreich sie sind, wenn es um den Fisch geht. Leg die Streichhölzer wie in der Illustration so auf den Overheadprojektor, dass ein Fisch entsteht. Die Aufgabe ist, den Fisch so zu verändern, dass er in die andere Richtung schwimmt. Dabei dürfen aber nur drei Streichhölzer bewegt werden! Die Kinder sollen gemeinsam versuchen, die Lösung zu finden (siehe Abbildung).

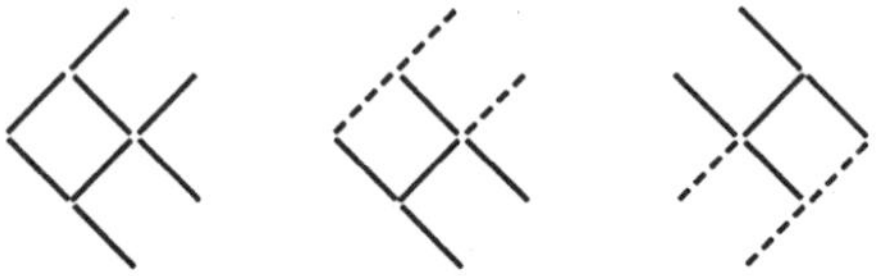

In diesen zwei Fischen steckt übrigens der gesamte Kern der christlichen Botschaft.

Erstens glauben wir Christen, dass Gott seinen Sohn als Jesus den Christus, den verheißenen Messias, in die Welt gesandt hat. Er wird »Erlöser« genannt, weil er gekommen ist, um uns von dem Chaos zu erlösen, das unser Leben ohne ihn ist.

Und zweitens: Was tun die Menschen, wenn sie glauben, dass das stimmt? Sie ändern ihr Leben und »schwimmen« in die entgegengesetzte Richtung – sie folgen Gottes Weg statt ihrem eigenen. Das ist eine unglaublich große Veränderung, aber Christen machen die Erfahrung, dass Gott die Kraft dazu gibt.

In einem Brief, den wir in der Bibel finden, benutzt der Apostel Paulus zwar nicht das Bild vom Fisch, aber er meint dasselbe: »Wenn ihr nun mit Christus auferstanden seid« – das bedeutet: Wenn Jesus euer Erlöser geworden ist – dann »lasst euch nicht mehr von Zorn und Hass beherrschen. Schluss mit aller Bosheit! Schluss mit dem gotteslästerlichen Reden und Fluchen! Hört auf, euch gegenseitig zu belügen. Ihr habt doch euer früheres Leben mit allem, was dazugehörte, wie alte Kleider abgelegt. Zieht jetzt neue Kleider an, denn ihr seid neue Menschen geworden!« (Kolosser 3,1+8-10). Mit anderen Worten: Fangt an, in eine andere Richtung zu schwimmen!

Der Ausweg

Biblischer Bezug: 2. Korinther 5,10; Johannes 5,24

Zielgedanke: Der Glaube an Jesus Christus rettet uns.

Material: Maßband oder Zollstock

Zu Beginn fragst du die Kinder, ob sie sich an eine Situation erinnern, in der sie vor lauter Angst am liebsten davongelaufen wären. Ein Beispiel könnte sein, dass jemand in der Schule von größeren Jungs rumgeschubst wurde. Oder dass jemand nachts unheimliche Geräusche im Haus gehört hat. Wenn wir Angst haben, ist der Gedanke an Flucht ganz normal.

Im Tierreich finden wir viele verschiedene Beispiele, wie man bei Gefahr entkommen kann. Kleinere Tiere müssen sich zum Beispiel vor Raubtieren retten, wenn sie gejagt werden. Manche verstecken sich in Erdlöchern, andere passen ihre Farbe der Umgebung an, so dass man sie gar nicht mehr sieht. Und gleich werden wir von einem Tier hören, das entkommt, indem es Sprünge macht!

»Wie weit könnt ihr aus dem Stand springen?« Lass ein oder zwei Kinder so weit hüpfen, wie sie können, und halte das Ergebnis fest.

Die Made der Fruchtfliege flieht vor möglichen Feinden – zum Beispiel einer Ameise – durch einen enorm weiten Sprung – und dass, obwohl sie gar keine Beine hat! Und sie kann dreißigmal so weit springen, wie sie groß ist. Wenn das bei uns auch so wäre, könnten wir aus dem Stand heraus einen Fünfzig-Meter-Sprung machen!

Aber wie schafft die kleine Made das? Indem sie sich zu einem Ball zusammenrollt und ihr hinteres Ende mit kleinen Haken im Maul festhält. Dann spannt sie den ganzen Körper mit ihren kräftigen Muskeln an, lässt ihr Hinterteil los und fliegt durch die Luft wie ein abgeschossener Pfeil.

Zu allen Zeiten im Lauf der Geschichte hatten Menschen das Bedürfnis nach Rettung – nicht vor irgendwelchen Feinden, sondern aus dem Chaos, das sie sich eingebrockt hatten. Wir Christen glauben, dass die Menschen eines Tages vor Gott stehen und für ihren Taten hier auf der Erde gerade stehen müssen. Der Apostel Paulus schreibt in einem seiner Briefe: »Denn einmal werden wir uns alle vor Jesus Christus als unserem Richter verantworten müssen. Dann wird jeder das bekommen, was er für sein Tun auf dieser Erde verdient hat, mag es nun gut oder schlecht gewesen sein.« (2. Korinther 5,10)

Die Menschen betrachten sich selbst und überlegen, was passieren wird, wenn sie Gott im letzten Gericht gegenüberstehen. Sie fragen sich, wie sie entkommen können. Die Bibel zeigt uns einen Fluchtweg; er nennt sich »Erlösung«. Erlösung bedeutet, vor dem Bösen gerettet zu sein und vor den Folgen der Sünde – der Dinge, die wir selbst falsch machen. Die Ereignisse im Leben Jesu überzeugten seine Anhänger, dass die Erlösung durch ihn kommt. Und genau das glauben die Christen auf der ganzen Welt bis zum heutigen Tag.

So steht es auch in der Bibel: »Alle, die auf mein Wort hören und dem glauben, der mich gesandt hat, haben das ewige Leben. Sie kommen nicht mehr vor Gottes Gericht; sie haben den Tod schon hinter sich gelassen und das unvergängliche Leben erreicht.« (Johannes 5,24)

Unterm Messer

Biblischer Bezug: Hesekiel 36,26; Jesaja 53,4-6

Zielgedanke: Wir können Gott eine »Herzoperation« zutrauen.

Material: keins

Du schwärmst den Kindern vor, wie gerne du immer in den Zirkus gegangen bist. Gehen sie auch gerne? Und was gefällt ihnen dabei am besten? Vielleicht kann jemand ein kleines Kunststück vorführen, z.B. auf den Händen laufen oder mit drei Bällen jonglieren.

Es gibt tolle Dinge im Zirkus, und das Jonglieren ist etwas, das jeder einmal versuchen kann. Aber andere Darbietungen sind sehr gefährlich und dürfen nie so zum Spaß ausprobiert werden. Denkt nur mal ans Messerwerfen!

»Es gibt übrigens eine spannende Geschichte von einem Messerwerfer, und die will ich euch jetzt erzählen.«

Der Messerwerfer war ganz berühmt, weil er schon lange diesen Beruf ausübte. Nun hatte er aber ein krankes Herz und musste operiert werden. Vorher wollte er wissen, ob der Arzt mit seinem Skalpell genauso sicher umgehen konnte wie er beim Werfen mit seinen Messern. Und was meint ihr, was er getan hat? Er forderte den Arzt auf, sich als Ziel für die Messer aufzustellen. Denn er sei nicht bereit, sein Leben in die Hand des Arztes zu legen, wenn dieser nicht genauso bereitwillig ihm sein Leben anvertraute. Und ob ihr's glaubt oder nicht, der Arzt spielte mit!

Der Arzt in dieser Geschichte ist ein bisschen so wie Gott. Jeder von uns hat sozusagen ein Herzproblem. Wir alle tun immer wieder Dinge, die dumm und zerstörerisch sind. Gott möchte das in Ordnung bringen. In der Bibel sagt er uns: »Ich will euch ein anderes Herz und einen neuen Geist geben.« (Hesekiel 36,26)

Gott kann diese »Herzoperation« aber nur durchführen, wenn wir unser Leben in seine Hand geben und ihm vertrauen. Vielen Menschen fällt das nicht leicht. Wir wollen oft lieber mit dem Problem weiterleben, als die Operation zu riskieren.

Aber ist Gott bereit, sich wie der Arzt in die Hände des »Patienten« zu geben? Ja, das ist er wirklich! Denn genau das hat er getan, als Jesus zu uns kam. Aber Jesus hat sein Leben nicht nur riskiert, sondern schließlich auch verloren, weil die Menschen nicht so »gut« waren wie der Messerwerfer. Statt Messer so zu werfen, dass sie ihn knapp verfehlten, schlugen sie Nägel in seine Hände und Füße und kreuzigten ihn. Hier kannst du Jesaja 53,4-6 vorlesen.

Christen sind Menschen, die wissen, dass sie ein Herzproblem haben, und die darauf vertrauen, dass Gott als der himmlische Arzt ihnen ein neues Herz schenken wird. Ist es nicht wunderbar, dass Jesus bereit war, sein Leben in unsere Hände zu legen, um zu beweisen, dass wir ihm vollkommen vertrauen können!

Die Schöne und das Biest

Biblischer Bezug: 2. Korinther 5,17

Zielgedanke: Umwandlung, Neubeginn ist möglich.

Material: Abbildungen von Libellen

Die meisten Kinder kennen wahrscheinlich den Disney-Film »Die Schöne und das Biest«. Die Geschichte ist ein Märchen. Doch wie viele andere Märchen enthält sie ein Körnchen Wahrheit.

Es gibt ganz erstaunliche Tiere in der Natur, die sich von hässlichen Gestalten in Schönheiten verwandeln. Besonders auffällig ist diese Verwandlung bei der Libelle. Bei ihr findet die Geschichte von der Schönen und dem Biest im echten Leben statt!

Die Libelle verbringt die erste Zeit ihres Lebens unter Wasser – manchmal bis zu drei Jahren! Dieser Abschnitt nennt sich Larvenstadium, und da ist sie ein richtiges Biest. Die Libellenlarve ist ein Furcht erregender Jäger. Sie erbeutet andere Insekten, Kaulquappen und sogar kleine Fische, die größer sind als sie selbst. Ihre Jagdmethode ist einzigartig. Die Libellenlarve hat einen außergewöhnlich langen, in Falten gelegten Unterkiefer, der in zwei großen Fanghaken endet. Wenn ihre Augen, mit denen sie Entfernungen messen kann, eine geeignete Beute erspähen, dann schießt der Unterkiefer in einer blitzschnellen Bewegung hervor, die nur 1/400 Sekunde dauert.

Im Hochsommer krabbelt die Larve an einem Schilfrohr aus dem Wasser. Ihre Haut platzt auf und die ausgewachsene Libelle kommt hervor. Ihre zusammengedrückten Flügel entfalten sich, trocknen und verhärten sich im Sonnenlicht – und plötzlich ist aus dem Monster eine schillernde Neonröhre geworden, die über dem Teich dahinschwebt oder umherflitzt.

Vielleicht sind es solche Verwandlungen in der Natur, die uns und die Geschichtenerzähler zu dem Glauben ermutigen, es könnte eine echte Herzensveränderung für den Menschen geben. Jesus sprach von der Notwendigkeit, »neu geboren« zu werden, einen völligen Neubeginn zu erleben.

Bei der Libelle verändert sich der Lebensraum – zuerst lebt sie unter Wasser, dann fliegt sie durch die Luft. Von einem hässlichen Biest verwandelt sie sich in eine Schönheit. Wir Christen glauben, dass etwas Ähnliches im Inneren des Menschen geschehen kann – dass wir »neu geboren« werden können. Den kurzen Vers in 2. Korinther 5,17 können die Kinder auch gut auswendig lernen. »Gehört jemand zu Christus, dann ist er ein neuer Mensch. Was vorher war, ist vergangen, etwas Neues hat begonnen.«

Teil

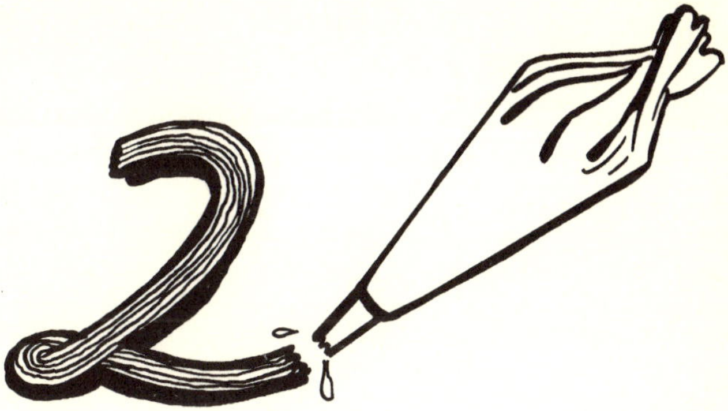

Was sind wir wert?

Aus Sternenstaub gemacht

Biblischer Bezug: Johannes 3,16

Zielgedanke: Wo kommen wir her? Wo gehen wir hin?

Material: eine Kerze, Streichhölzer, ein Unterteller

»Ist jemand von euch ein Startrek-Fan? Habt ihr euch schon mal vorgestellt, wie das ist, zu den Sternen zu reisen? Wusstet ihr, dass wir alle aus Sternenstaub gemacht sind? Soll ich euch mal zeigen, wie Sternenstaub aussieht?«

Du zündest die Kerze an und hältst die Untertasse über die Flamme. Dann zeigst du den Kindern die schwarze Ablagerung auf der Unterseite der Untertasse.

»Was meint ihr, was das ist?« Das ist Ruß. Und woraus besteht er? Aus Kohlenstoff. Daraus besteht nämlich die Kerze, und wenn ich sie anzünde, verbrennt der Kohlenstoff. Weil ich die kalte Untertasse über die Flamme gehalten habe, ist aber nicht aller Kohlenstoff verbrannt worden und hat sich stattdessen auf dem Porzellan abgelagert.

Ein Stern leuchtet viele Millionen Jahre lang wie eine Kerze, und kurz bevor er verlischt, gibt er genau solchen Kohlenstoff ab. Und der wird dann zusammen mit anderen Stoffen Teil der Planeten. Auch unsere Erde besteht zum Teil aus Kohlenstoff – und wir auch. Wir haben Sternenstaub in uns! Das ist ein erstaunlicher Gedanke.

Noch erstaunlicher ist aber das, was die Bibel sagt: Wenn alle Sterne verglüht sind und die Erde nicht mehr existiert, werden wir immer noch leben. Dieses Versprechen hat uns Jesus in einem der bekanntesten Bibelverse gegeben. Lies Johannes 3,16: »Denn Gott hat die Menschen so sehr geliebt, dass er seinen einzigen Sohn für sie hergab. Jeder, der an ihn glaubt, wird nicht verloren gehen, sondern das ewige Leben haben.«

Ewiges Leben – das bedeutet nicht, einfach nur für immer zu existieren wie ein Körnchen Sternenstaub. Es bedeutet, dass unser Ich die Sterne überdauert in einem Leben, das so toll ist, dass wir es uns gar nicht vorstellen können. Das ist besser als jede Science-Fiction-Geschichte!

Ein liebenswerter Teddybär

Biblischer Bezug: Psalm 139

Zielgedanke: Gott hat uns lieb, auch wenn wir nicht mehr wie neu sind.

Material: eine Auswahl Kuscheltiere, darunter einen sehr alten Teddy, dem man deutlich ansieht, wie sehr er geliebt wurde

Du stellst die mitgebrachten Stofftiere der Reihe nach vor und erzählst vielleicht ein Kindheitserlebnis zu jedem von ihnen. Falls du die Kinder gebeten hast, ihre eigenen Tiere mitzubringen, lässt du sie natürlich selbst erzählen. Um ihnen noch mehr Persönlichkeit zu verleihen, kannst du sie auch mit Menschen vergleichen, die die Kinder kennen.

Zum Schluss holst du den alten Teddy hervor und erzählst den Kindern seine Geschichte, wem er ähnlich ist. Vielleicht ist er so wie du selbst?

Warum sind diese Kuscheltiere wie wir?

Weil sie liebenswert sind. Auch wir sind liebenswert. Gott liebt uns. Er liebt uns nicht einfach nur, er *mag* uns wirklich. Und das gilt nicht nur, wenn wir wie neu sind. Manche von uns sind vielleicht alt und ramponiert und haben schon oft in der Klemme gesteckt, aber das ändert nichts daran, dass wir liebenswert sind.

Wenn wir den Psalm 139 in der Bibel lesen, sehen wir, dass Gott sich uns ausgedacht hat und dass er uns schon vor unserer Geburt kannte: »Herr, ich danke dir dafür, dass du mich so wunderbar und einzigartig gemacht hast! ... Alle Tage meines

Lebens hast du in dein Buch geschrieben – noch bevor einer von ihnen begann!« (Psalm 139,14+16)

Wie wir unseren Lieblingsteddy, so hat uns Gott schon lange bei sich. In seiner Sammlung ist jeder Einzelne von uns ein altes Lieblingsstück.

Wegwerfartikel

Biblischer Bezug: 2. Petrus 3,9

Zielgedanke: Auch wenn Menschen uns zurückweisen, Gott tut das nie.

Material: ein Abfalleimer, am besten aus Metall; eine Auswahl von Wegwerfartikeln wie Papiertaschentücher, Filzstifte, Getränkedosen, Jogurtbecher, Plastikbesteck usw.; einige Papierfiguren, die Menschen darstellen

Du benutzt die verschiedenen Gegenstände bzw. stellst fest, dass sie sich nicht mehr benutzen lassen – und wirfst sie weg. Du kannst zum Beispiel damit anfangen, dass du dir die Nase putzt und das Taschentuch in den Abfalleimer wirfst. Dann stellst du den Abfalleimer auf den Tisch. Dann versuchst du mit einem Filzstift zu schreiben und wirfst ihn weg usw. Die Gegenstände sollten möglichst laut klappern, wenn sie gegen die Wand des Abfalleimers stoßen.

Dann hältst du eine der Papierfiguren hoch und sagst zu ihr (in beleidigtem Tonfall): »Du bist nicht mehr mein Freund.« Dann zerknüllst du die Figur und wirfst auch sie in den Abfalleimer.

Mit der nächsten Figur verfährst du auf die gleiche Weise und sagst diesmal: »Wir wollen dich nicht mehr in unserer Mannschaft haben. Du bist nicht gut genug.«

Und zu der dritten: »Wir können es uns nicht leisten, Sie hier weiter zu beschäftigen. Deshalb müssen wir Ihnen leider kündigen.«

Es tut weh, zurückgewiesen zu werden. Wir sind an Wegwerfartikel gewöhnt – wir werfen sie weg, wenn wir sie nicht mehr brauchen. Es ist traurig, dass manche Leute andere Menschen auch so behandeln, als wären sie Wegwerfartikel.

Aber bei Gott ist das nicht so. Petrus, einer der Jünger Jesu, hat in einem Brief erklärt, was am Ende der Welt geschehen wird. Alles, was verkehrt und böse in der Welt ist, wird wie Abfall behandelt. Es wird weggeworfen und zerstört. Damals fragten die Menschen, so wie sie es heute auch tun, warum Gott das nicht von Anfang an so gemacht hat. Petrus erklärt es so:

»Gott hat Geduld mit euch und will nicht, dass auch nur einer von euch verloren geht. Jeder soll Gelegenheit haben, vom falschen Weg umzukehren« (2. Petrus 3,9). Gott möchte nicht, dass auch nur ein einziger Mensch verloren geht. Er wartet geduldig darauf, dass wir ihm erlauben, uns auf den richtigen Weg zu bringen. Für Gott ist niemand Müll.

Als letztes nimmst du eine der zerknitterten Figuren aus dem Abfalleimer und streichst sie glatt. Das ist es, was Gott für uns tun will: Er möchte unsere Schmerzen wegstreichen, wo andere uns abgelehnt haben, und er möchte all die Dinge ins Reine bringen, die wir falsch gemacht haben. Und zum Schluss dürfen wir für immer bei ihm sein.

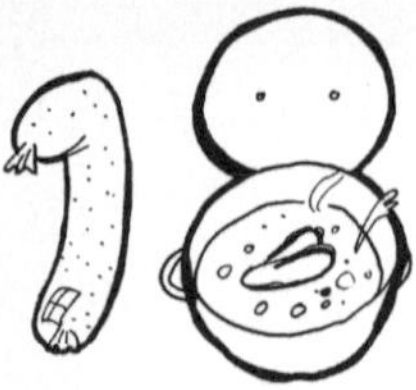

Ganz oben

Biblischer Bezug: Philipper 2,9-11; Epheser 2,6

Zielgedanke: Nicht was wir in den Augen der Menschen darstellen zählt, sondern was Gott in uns sieht.

Material: ungefähr ein Dutzend Papierstreifen oder Karten (darauf stehen »wichtige Berufe«, z.B. Bundeskanzler, Präsident, König, Popstar, Millionär, Spitzensportler; auf einer Karte steht JESUS, einige bleiben frei); ein dicker Stift

»Was meint ihr: Was für Menschen sind wichtig?« Wenn sie Namen von Personen nennen, dann ordnest du diese den oben genannten Kategorien zu. Schreib neue Kategorien auf, wenn welche vorgeschlagen werden. Lass jedes Kind eine Karte hochhalten, so dass am Ende acht oder neun Kinder in einer Reihe stehen und »wichtige Leute« in die Höhe halten.

Gibt es jemanden, der noch wichtiger ist als alle diese Menschen? Lies Philipper 2,9-11 vor. Jesus hat den Namen, »der über allen Namen steht« – er ist ganz oben, an der Spitze.

Dann gibst du die Karte mit dem Namen JESUS einem anderen Kind und bittest es, sich auf einen Stuhl zu stellen, so dass JESUS alle anderen Namen überragt.

Zwei weitere Kinder lässt du ihre eigenen Namen auf Karten schreiben, und dann fragst du in die Runde, wo die beiden – und alle anderen – in dieser Ansammlung wichtiger Menschen wohl ihren Platz einnehmen könnten. Sollten sie sich vielleicht auf den Fußboden setzen?

Wo möchte Gott uns haben? In einem anderen Brief von Paulus heißt es: »Gott hat uns mit Christus auferweckt und uns zusammen mit ihm einen Platz im Himmel gegeben.« (Epheser 2,6)

Jetzt stellst du zwei Stühle links und rechts neben JESUS, auf die die beiden Kinder dann steigen können. »Das ist der Platz, an dem Gott uns haben will. Deshalb hat er seinen Sohn Jesus in die Welt geschickt.«

Vielfältig begabt

Biblischer Bezug: 1. Petrus 4,10

Zielgedanke: Wir sind reich an Begabungen – und sollen sie auch nutzen.

Material: ein paar Sachen, die du selbst gemacht hast, z.B. einen Kuchen, ein Bild o. ä.; ein Stück Knetgummi; ein Bild von Knetfiguren

Dinge selbst zu machen, ist etwas ganz Tolles. Man hat viel Freude daran, wenn einem etwas gelingt.

»Habt ihr schon mal im Fernsehen eine von diesen lustigen Figuren aus Knetgummi gesehen, die sich in alle möglichen Dinge verwandeln?« Bestimmt haben die Kinder selbst auch schon Tiere oder Menschen zu formen versucht – und dabei vielleicht auch gemerkt, dass das gar nicht so einfach ist.

Es gibt einen Mann, der etwas ganz Besonderes mit solchen Knetmännchen gemacht hat: Nick Park. Er hat nämlich Trickfilme gedreht, mit denen er sogar mehrmals den Oscar gewonnen hat!

Nick Park war 13 Jahre alt, als er seinen ersten Film machte. Er entdeckte, dass er mit der Schmalfilmkamera seines Vaters einzelne Bilder aufnehmen konnte. Die Kunst der Animationsfilme besteht darin, ein Bild zu machen, dann die Figuren geringfügig zu verändern, wieder ein Bild zu machen und so weiter. Nick machte aus dem Dachboden seiner Eltern ein Studio, und als er 15 wurde, hatte er schon ein halbes Dutzend

Filme hergestellt. Als seine Begabung in der Schule bekannt wurde, bat man ihn, seine Filme dort für alle vorzuführen.

»Die Leute waren begeistert davon«, sagt Nick, »und das war toll, denn ich liebte es, Menschen zum Lachen zu bringen.«

Wie es oft der Fall ist, hat Nick einen Teil seines Talents ganz sicher von seinen Eltern. Sein Vater verbrachte die meiste Zeit im Gartenschuppen, um herumzubasteln. »Bei uns war alles selbst gemacht«, sagt Nick, »sogar meinen Konfirmationsanzug hat meine Mutter selbst genäht.«

»Was könnt ihr so richtig gut? Könnt ihr auch andere zum Lachen bringen? Oder vielleicht könnt ihr besonders gut jemand anders trösten, der traurig ist. Oder ihr könnt ganz toll mit euren kleinen Geschwistern spielen und auf sie aufpassen.« Es gibt ganz viele verschiedene Begabungen, die man nutzen kann, um etwas Gutes zu tun und anderen zu helfen. Und genau das ist es, was Gott von uns will: »Dient einander mit den Fähigkeiten, die Gott euch geschenkt hat – jeder und jede mit der eigenen, besonderen Gabe! Dann seid ihr gute Verwalter der vielfältigen Gnade Gottes.« (1. Petrus 4,10)

Rote Köpfe

Biblischer Bezug: Markus 14,66-72

Zielgedanke: Gott hilft uns, mit unserem Versagen fertig zu werden, und gibt uns eine neue Chance.

Material: keins

»Ich bin knallrot geworden!« »Ich wäre am liebsten im Erdboden versunken!« »Ich kam mir vor wie ein totaler Idiot.« So etwas sagen wir, wenn wir etwas vermasselt haben. Es ist wirklich ein grässliches Gefühl. Hier sind ein paar peinliche Geschichten aus der Zeitung:

◇ Ein lebensgroßer Polizist aus Pappe wurde in einem Supermarkt aufgestellt, um die Leute vom Ladendiebstahl abzubringen. Offensichtlich funktionierte diese Maßnahme aber nicht – der Papppolizist wurde selbst geklaut!

◇ Die Armee testete eine temperaturgesteuerte Panzerabwehrrakete. Ein alter Panzer auf dem Übungsgelände der Armee sollte das Ziel darstellen. Aber der Test brachte nicht das gewünschte Ergebnis: Die Rakete traf nicht etwa den Panzer, den sie hätte ansteuern sollen, sondern schlug stattdessen in eine Bierdose ein.

◇ Ein Mann raubte eine Tankstelle in Amerika aus. Der Besitzer alarmierte die Polizei, und die schickte einen Streifenwagen hinter dem Räuber her. Die Verfolgungsjagd endete aber ganz harmlos, weil dem Räuber nach ungefähr dreißig Kilometern das Benzin ausging. »Wenn man eine Tankstelle ausrauben will, dann sollte man eigentlich zuerst den Tank füllen, bevor man den Tankwart bedroht«, lautete der Kommentar der Polizei.

Solche Geschichten finden wir alle ganz lustig, aber wenn *uns* etwas Dummes passiert, ist uns gar nicht nach Lachen zumute. Das Gefühl, versagt zu haben, gehört zu den schrecklichsten Gefühlen überhaupt.

Erzähl die Geschichte, wie Petrus Jesus drei Mal verleugnete (Markus 14,66-72). Dort wird besonders hervorgehoben, wie sehr Petrus sich schämte: »Und er fing an zu weinen.«

Petrus hätte an dieser Stelle alles hinschmeißen können, aber er tat es nicht. Nach seiner Auferstehung begegnete Jesus seinen Jüngern am Strand des Sees Tiberias. Er fragte Petrus drei Mal: »Liebst du mich?« Und dann gab er ihm den Auftrag, der Leiter der ersten Christen zu sein. Er sollte die Entstehung der christlichen Kirche beaufsichtigen. Jesus half Petrus, sein Versagen hinter sich zu lassen, weiterzugehen und große Taten zu vollbringen.

Teil

Zeitlose Tugenden

Mutmacher gesucht!

Biblischer Bezug: Philipper 2,1-2

Zielgedanke: Gegenseitige Ermutigung ist wichtig.

Material: ein Radio; ein Globus, wenn möglich

Du schaltest das Radio ein und tust so, als würdest du einen bestimmten Sender suchen. Am besten im Mittelwellen- oder Kurzwellenbereich, damit auch ein paar ausländische Töne zu hören sind.

»Wisst ihr, wer mit seinen Entdeckungen dazu beigetragen hat, dass wir heute Radio hören können?« Der Name dieses Ingenieurs war Marconi. Dieser Herr Marconi – der schon vor mehr als hundert Jahren geboren wurde – machte gerne Experimente. Es gab etwas, das ihn sehr faszinierte. Wenn man in einem elektrischen Stromkreis einen Funken entzündete, dann verursachte dieser einen geringen Elektrizitätsfluss in einem Draht, der sich daneben befand, aber mit dem ersten Stromkreis nicht verbunden war. Es schien, als ob der erste Stromkreis dem zweiten ein Signal schicken würde.

Der junge Ingenieur machte einige Experimente um herauszufinden, was da genau passierte. Und es fanden sich Menschen, die an ihn und sein Können glaubten und ihm das nötige Geld zur Verfügung stellten. 1896 sandte er Signale über eine 6 Kilometer weite Ebene in Südengland, um zu zeigen, was mit der drahtlosen Verbindung alles möglich wurde. Noch im gleichen Jahr schickte er Signale über einen ungefähr 13 Kilometer breiten Kanal.

Das war natürlich interessant, aber die Leute glaubten, dass die Entfernung, über die Signale gesendet und empfangen werden konnten, durch die Krümmung der Erdoberfläche begrenzt sei. Sie dachten, die Radiowellen verliefen in einer geraden Linie und würden sich im Weltraum verlieren. Aber im Dezember 1901 schickte Marconi zum ersten Mal ein Signal von England aus über den Atlantik bis nach Neufundland. (Wenn du einen Globus hast, kannst du den Weg darauf zeigen.)

Das rief eine weltweite Sensation hervor. Die schnellste Kommunikation damals war die Geschwindigkeit, mit der ein Dampfer einen Brief beförderte. Und nun machte man plötzlich die Entdeckung, dass eine Botschaft in einem Augenblick Tausende von Kilometern zurücklegen konnte. Ohne diese Entdeckung, für die Marconi den Nobelpreis für Physik bekam, könnten wir heute nicht Radio hören.

Was wäre wohl passiert, wenn Marconi niemand gehabt hätte, der ihn ermutigte? Vielleicht hätte er aufgegeben. Vielleicht hätte es Jahre gedauert, bis wieder jemand eine solche Neugierde gezeigt hätte.

Genies, Erfinder, Spitzensportler – ihre Namen stehen in den Schlagzeilen, aber hinter ihnen stehen die Mutmacher – die Menschen, die an sie glauben und ihnen helfen, nach Fehlschlägen weiterzumachen. Nicht alle können Genies werden, aber jeder kann ein Mutmacher sein.

Einer der bekanntesten Männer der Bibel ist Paulus. Er selbst hatte Freunde, die ihm halfen und Mut machten, und in seinen Briefen schreibt er davon, wie wichtig das auch für Christen ist: »Helft und ermutigt ihr euch als Christen gegenseitig? Seid ihr zu liebevollem Trost bereit? Spürt man bei euch etwas von der Gemeinschaft, die der Heilige Geist schafft? Verbindet euch herzliche und mitfühlende Liebe? Darüber würde ich mich sehr freuen. Vollkommen aber ist meine Freude, wenn ihr die gleiche Gesinnung habt, in der einen Liebe miteinander verbunden bleibt und fest zusammenhaltet.«

Wie können wir solche Mutmacher werden? Indem wir zum Beispiel zu anderen sagen: »Das hast du wirklich gut gemacht.« Oder: »Doch, du kannst das. Probier's einfach mal!« Oder: »Versuch's mal, ich helfe dir dabei.«

Formationsflug

Biblischer Bezug: Galater 6,2

Zielgedanke: Die Natur lehrt uns, wie wir uns gegenseitig im Team unterstützen können.

Material: eine Abbildung von Gänsen im Flug

»Wer von euch hat schon einmal in einem Film gesehen, wie mehrere Gänse in einer V-Form fliegen? Oder hat jemand das schon einmal in der Natur gesehen? Wisst ihr, warum sie so fliegen?« Sie haben mehrere Vorteile davon und wir können ein paar wertvolle Dinge von ihnen lernen.

Bei jedem Vogel, der seine Flügel bewegt, entsteht ein Luftzug, der dem Vogel direkt dahinter das Fliegen erleichtert. Deshalb brauchen alle anderen Gänse außer der ersten weniger Kraft und können so eine größere Strecke zurücklegen. Wenn eine Gans allein 150 Kilometer weit fliegen kann, dann schaffen Gänse in der V-Formation 256 Kilometer! Also: *Wenn wir im Team zusammenarbeiten, kommen wir viel weiter.*

Wenn die vordere Gans müde wird, tauscht eine andere mit ihr den Platz. Indem alle sich mit dem Anführen abwechseln, tragen sie die Last gemeinsam und keine bricht vor Erschöpfung zusammen. Was zeigt uns das? *Wir müssen die Lasten so verteilen, dass wir alle gemeinsam am Ziel ankommen.*

Muss eine Gans die Formation verlassen, weil sie krank ist, dann wird sie von zwei anderen Gänsen begleitet. Sie fliegen mit ihr hinunter, um ihr zu helfen und sie zu beschützen. Sie bleiben bei der verletzten oder kranken Gans, bis diese wieder fliegen kann. Auch in diesem Punkt können wir etwas von den Vögeln lernen: *Wir sind immer froh, wenn jemand zu uns hält, wenn es uns schlecht geht – und den gleichen Einsatz sollten wir für andere zeigen!*

Die letzten Gänse in der Formation stoßen übrigens beim Fliegen Schreie aus. Damit geben sie den vorderen zu verstehen, dass sie folgen und mithalten können. Jeder, der Fußball oder Handball spielt, weiß, das es eine große Hilfe ist, wenn man sich bei einem Spiel gegenseitig anfeuert oder dem anderen mal auf die Schulter klopft. Und das gilt nicht nur beim Sport! *Wenn wir uns gegenseitig Mut machen, dann gewinnt das ganze Team.*

Vielleicht habt ihr auch schon einmal den Ausdruck »dumme Gans« gehört. Aber Gänse sind überhaupt nicht dumm. Im Gegenteil, wir können eine Menge von ihnen lernen, denn so ein tolles Team sollen wir auch sein!

»Kümmert euch um die Schwierigkeiten und Probleme des anderen, und tragt die Last gemeinsam. Auf diese Weise verwirklicht ihr, was Christus von euch erwartet.« (Galater 6,2)

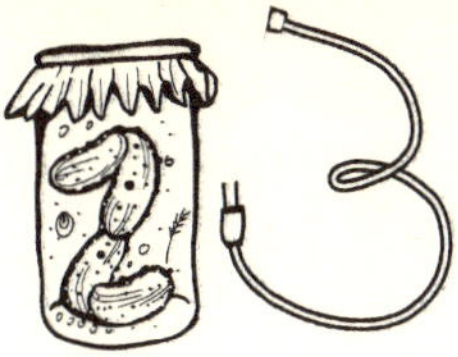

Ein Haustier für Mama

Biblischer Bezug: Psalm 86,15

Zielgedanke: Gott hat Geduld mit uns, weil er uns liebt.

Material: eine große Schachtel mit einem Loch in der Rückwand und kleinen Löchern im Deckel, der mit einem Klebestreifen am Herunterfallen gehindert wird; ein Handspiegel im Karton

»Wer von euch möchte ein Haustier haben? Ich habe nämlich hier ein ganz außergewöhnliches Tier, das einen neuen Besitzer sucht.« Du zeigst den Kindern die Schachtel und fasst dabei mit der Hand so hinein, dass die Kinder es nicht sehen. Dann machst du mit der Hand in der Schachtel kratzende und trappelnde Geräusche.

Mit einem Haustier sind ja viele Aufgaben verbunden. Welches von den Kindern ist bereit, diese Pflichten alle zu erledigen? Den Kindern, die sich gemeldet haben, stellst du folgende Fragen:

- »Wenn das Tier noch klein ist, muss man es sechs bis acht Mal am Tag füttern, auch mitten in der Nacht. Würdest du das tun?«
- »Es macht grässlich stinkende Häufchen, die man entfernen muss ... und es muss jeden Tag gebadet werden. Würdest du das auch machen?«

- »Wenn es größer wird, muss man viel mit ihm reden, mit ihm spielen und es draußen spazieren führen. Es ist außerdem ein richtiger Schlingel und bringt einem eine Menge durcheinander, wenn man es allein lässt. Willst du es trotzdem haben?«
- »Wenn das Tier größer wird, muss es auch draußen herumlaufen, so dass man sich ständig Sorgen macht, dass ihm etwas passiert. Würdest du das in Kauf nehmen?«
- »Und dann sind da noch die Kosten. Für das Futter und alles andere, was dieses Tier braucht, muss man bis zu 10.000 Mark pro Jahr rechnen. Würdest du dafür auf andere Sachen verzichten?«

Da die Kinder die Sache als Spiel betrachten und inzwischen sicher ganz gespannt auf das Tier sind, gibt es bestimmt jemand, der alle Fragen mit ja beantwortet. Der- oder diejenige darf jetzt das außergewöhnliche Haustier anschauen. »Dabei darfst du aber nichts sagen, damit es sich nicht erschreckt!« Dann öffnest du den Deckel und hältst den Spiegel im Karton so, dass das Kind sich selbst sehen kann. (Am besten übst du das vorher schon mal mit jemandem.) Das Gesicht des Kindes ist bestimmt sehenswert!

Zum Schluss dürfen die anderen Kinder in die Schachtel gucken. »Es ist ganz schön viel Arbeit und man braucht eine Menge Geduld, ein solches ›Haustier‹ großzuziehen – aber unsere Mütter tun das, weil sie uns lieb haben.« So ist das auch mit Gott: Er hat eine Menge Geduld mit uns, obwohl wir immer wieder Fehler machen und Dinge tun, die nicht in Ordnung sind. Gut, dass die Menschen in der Bibel schon die Erfahrung gemacht haben, die wir auch mit Gott machen dürfen: »Aber du bist ein gnädiger und barmherziger Gott. Deine Geduld ist groß, deine Liebe und Treue kennen kein Ende.« (Psalm 86,15)

2 Gorillas und Fremde

Biblischer Bezug: 2. Mose 22,20; 4. Mose 15,15; 5. Mose 16,14

Zielgedanke: Die Bibel zeigt uns, wie wir Menschen behandeln sollen, die anders sind als wir.

Material: ein Bild von einem Gorilla

Du erzählst zwei kleine Geschichten:

Ein kleines Kind hatte seine erste Begegnung mit einem Gorilla in einem Zoo. Das Kind saß in seinem Buggy und schaute durch ein dickes Glasfenster, das Teil des Gorillakäfigs war, als plötzlich ein großes Gorillamännchen Anlauf nahm und sich gegen die Scheibe warf. Erschrocken zeigte das Kind auf das Tier und sagte: »Großer Affe. Gefährlich!«

Ein anderes Kind machte eine dramatischere Erfahrung. Der kleine Junge war drei Jahre alt, als seine Eltern mit ihm einen Ausflug in den Zoo unternahmen. Er kletterte über eine Absperrung und fiel sechs Meter tief auf den Betonboden des Gorillageheges, in dem sieben Tiere lebten. Ihr könnt euch vorstellen, wie schrecklich es für seine Eltern war, ihn bewusstlos dort unten liegen zu sehen. Was würden die Gorillas mit ihm machen?

Das erste Tier, das sich dem bewusstlosen Kind näherte, war ein acht Jahre altes Gorillaweibchen mit ihrem eigenen Jungen. Mit ihrem Baby auf dem Rücken hob sie den bewusstlosen Jungen auf und trug ihn zur Käfigtür. Dort übergab sie ihn den wartenden Sanitätern, die sich um das Kind kümmerten und einen

Krankenwagen riefen. Die anderen Gorillas wurden die ganze Zeit über von den Wärtern mit Wasser bespritzt, um sie fern zu halten.

Für einen Gorilla ist der Mensch völlig fremd. Was brachte dann das Affenweibchen dazu, das Menschenkind zu retten? Lag es an seinem mütterlichen Instinkt? Oder daran, dass es selbst von Menschen aufgezogen worden war? Weil das Tier in Gefangenschaft aufgewachsen war, hatten die Pfleger ihm beibringen müssen, wie man ein Junges großzieht.

Wenn wir sehen, wie Menschen manchmal mit Menschen umgehen, die anders sind, dann könnte man fast meinen, dass jemand uns auch einmal beibringen müsste, wie wir es richtig machen sollen. Vielleicht ist das der Grund für die vielen Regeln in den ersten Kapiteln der Bibel, wie man mit »Fremden« bzw. »Ausländern« umgehen soll. Solche »Fremden« sind Menschen, die man nicht kennt, die anders aussehen oder anders sprechen als wir. Hier sind ein paar Beispiele davon:

»Unterdrückt die Fremden nicht und beutet sie nicht aus! Denn ihr selbst seid einmal Fremde in Ägypten gewesen.« (2. Mose 22,20)

»Für alle, die im Land Kanaan leben – ob Einheimische oder Ausländer -, sollen die gleichen Gesetze gelten. Denn vor mir sind alle Menschen gleich.« (4. Mose 15,15)

»Es soll ein fröhliches Fest werden. Feiert zusammen mit euren Kindern und (...) den Ausländern, mit Witwen und Waisen!« (5. Mose 16,14)

Diese Regeln wurden für Menschen aufgeschrieben, die ganz anders lebten als wir heute. Trotzdem wird hier ganz klar, wie Gott sich unseren Umgang mit andersartigen oder fremden Menschen wünscht: Wir sollen sie wie unseresgleichen behandeln, auf ihre Bedürfnisse eingehen und dafür sorgen, dass sie sich nicht ausgeschlossen fühlen. Brauchen wir wirklich einen Gorilla, der uns beibringt, wie man das macht?

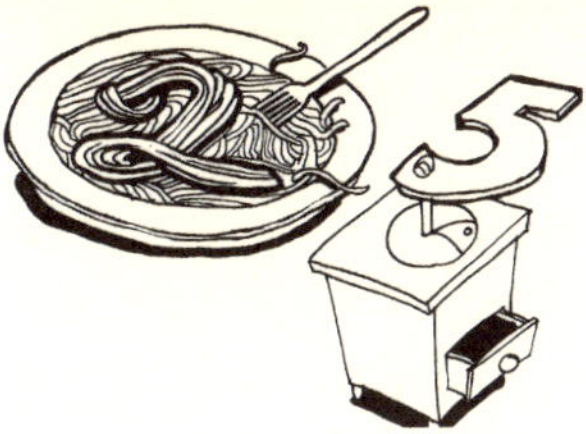

Gegen den Strom

Biblischer Bezug: Matthäus 7,13-14

Zielgedanke: Sich nur von der Menge treiben zu lassen, ist kein echtes Leben.

Material: ein toter Fisch vom Fischhändler

Wenn es möglich ist, solltest du den Fisch an einem Stück Schnur von der Decke baumeln lassen, so dass er einen halben Meter über deinem Kopf frei in der Luft hängt. Das macht die Kinder neugierig und sichert dir ihre volle Aufmerksamkeit. Am besten stellst du dich am Anfang einfach unter den Fisch, ohne ihn zu beachten oder zu erwähnen, das macht die Sache noch spannender.

»Stellt euch mal folgende Situation vor: Ein Junge in eurer Klasse wird immer von den größeren Mitschülern geärgert und rumgeschubst. Eines Tages siehst du, wie sie ihm mit Drohungen das Geld abnehmen, das er von seinen Eltern für den Tag mitbekommen hat. Deine Freunde finden das lustig und sehen lachend zu. Was machst du? Machst du es wie deine Freunde, oder gehst du hin und sagst, dass sie den Jungen in Ruhe lassen sollen?«

»Was hat das mit Fischen zu tun?, fragt ihr euch jetzt vielleicht. Habt ihr schon mal einen Fisch im Wasser schwimmen sehen?« Sie sind ganz schnell. Lachse sind so stark, dass sie sogar stromaufwärts schwimmen können. Es ist beeindruckend zu sehen, wie die großen Fische in die Luft springen, wenn sie versuchen, einen Wasserfall hochzusteigen. Manchmal müssen sie immer wieder neuen Anlauf nehmen, um sich einen Weg zwischen Steinen hindurch und gegen starke Strömungen zu erkämpfen. Das ist ein Leben auf Hochtouren!

»Und jetzt seht euch dagegen mal diesen Fisch hier an.« Tote Fische tun nicht viel – sie hängen bloß rum! Sie treiben den Fluss hinunter und verwesen, statt Wasserfälle hinaufzuspringen.

Echtes Leben heißt, dass man manchmal gegen den Strom schwimmen muss, statt sich einfach nur treiben zu lassen. Jesus hat etwas ganz Ähnliches zu diesem Thema gesagt. Allerdings ging es dabei nicht um Fische in einem Fluss, sondern um Menschen auf zwei grundverschiedenen Wegen. Er sagte: »Nur durch eine sehr enge Tür könnt ihr in das Reich Gottes kommen. Der Weg zur Hölle dagegen ist breit und hat ein weites Tor. Viele entscheiden sich für diesen scheinbar bequemen Weg. Aber die Tür, die zum Leben führt, ist eng, und der Weg dorthin ist schmal. Deshalb gehen ihn nur wenige.« (Matthäus 7,13-14)

Es sieht so aus, als müssten wir im Leben eine Entscheidung treffen. Der eine Weg ist anstrengend, und manchmal ist man dabei auch ganz alleine, aber er ist spannend. Durch ihn entdecken wir, worum es im Leben wirklich geht. Der andere Weg ist bequem, man lässt sich einfach von der Menge treiben. Am Ende aber kann er zu einem schlechten Gewissen führen, zu Enttäuschungen und dazu, dass Menschen weh getan wird.

Ein Radio zum Aufziehen

Biblischer Bezug: Jakobus 3,16-17

Zielgedanke: Wir sollen bereit sein, anderen zu helfen, und nicht nur an uns selbst denken.

Material: ein Spielzeug oder Wecker zum Aufziehen

Du ziehst das Spielzeug oder den Wecker auf und führst sie vor. Überlegt zusammen, welche Vor- und Nachteile das Aufziehen gegenüber Batterien hat. »Stellt euch einmal vor, ihr würdet in einem afrikanischen Dorf leben, das nicht ans öffentliche Stromnetz angeschlossen ist. Der nächste Laden ist weit entfernt und ihr habt nicht viel Geld. Was hättet ihr da lieber: Batterien oder ein Spielzeug zum Aufziehen?«

Die Menschen, die in solchen afrikanischen Dörfern leben, brauchen vielleicht gar keinen Wecker oder sie haben sicher ganz anderes Spielzeug, für das man keinen Strom braucht. Aber was viele Menschen dort gerne hätten, ist ein Radio.

Manche Informationen, die sie durch das Radio empfangen könnten, würden ihnen vielleicht sogar das Leben retten. Sie könnten zum Beispiel lernen, wie man bestimmte Krankheiten vermeidet.

Eine der größten Katastrophen in Afrika ist die schnelle Ausbreitung von Aids. Wenn mehr Menschen ein Radio hätten, könnten die Regierung und die Ärzte lebenswichtige Informationen an sie weitergeben und dafür sorgen, dass sich nicht mehr so viele Menschen anstecken.

Aber ein Radio braucht Batterien. Oder nicht?

Es gibt einen Mann, der darüber nachgedacht hat. Er hatte Fernsehberichte über Aids in Afrika gesehen und überlegte daraufhin, wie man ein Radio bauen könnte, das keinen Strom, also auch keine Batterien braucht. Könnte die Feder einer Aufziehmechanik einen Minigenerator antreiben und genug Energie für ein Radio erzeugen?

Trevor Baylis – so hieß der Mann – fing an zu experimentieren und fand heraus, wie es funktionieren könnte. Das Modell, das er baute, wurde dann in einer Fernsehsendung vorgeführt. Es waren noch ein paar Probleme zu lösen, aber ein Geschäftsmann fand die Idee so gut, dass er Geld für die weitere Entwicklung zur Verfügung stellte. Schließlich gelang es ihnen, ein Radio zu bauen, das 40 Minuten lang läuft, wenn man es 20 Sekunden aufzieht.

In Südafrika entstand eine Firma für die Produktion der neuen Aufziehradios. Dort sind dann gerade Behinderte angestellt, die an den Fertigungsstraßen jeden Monat Tausende von Radios produzieren.

Hilfsorganisationen kaufen die Radios, um sie kostenlos an Menschen abzugeben, die sonst keine Möglichkeit haben, entsprechende Informationen zu erhalten.

Dieser Trevor Baylis ist ganz schön schlau gewesen, oder? Er hätte sein Erfindertalent aber auch für sich behalten können. Stattdessen benutzte er es, um anderen zu helfen.

Jakobus (der Bruder von Jesus) schreibt etwas zu diesem Thema in einem Brief in der Bibel: »Wo Missgunst und Streit herrschen, da gerät alles in Unordnung; da wird jeder Gemeinheit Tür und Tor geöffnet.« (Jakobus 3,16)

Ganz anders sieht es bei den Menschen aus, die von Gottes Weisheit bestimmt werden. Diese Weisheit »... hat Mitleid mit anderen und bewirkt immer und überall Gutes; sie ist unparteiisch, ohne Vorurteile und ohne alle Heuchelei.« (Jakobus 3,17)

Einige Menschen in der Dritten Welt haben nun die Stimmen aus dem Aufziehradio, die sie vor Aids und anderen Krankheiten warnen.

Und wir alle haben eine leise eingebaute Stimme in unserem Kopf, die uns davor warnt, immer nur an uns selbst zu denken. Sie braucht auch keine Batterien und noch nicht mal eine Feder zum Aufziehen. Man sagt auch Gewissen dazu!

27 Ungeliebte Aufgaben

Biblischer Bezug: Johannes 13,1-20

Zielgedanke: Wir sollen einander dienen.

Material: eine Schüssel; Wasser; Seife; ein Handtuch

Du suchst dir zwei Freiwillige und bittest den einen, dem anderen die Füße zu waschen. Irgendeins der Kinder wird daraufhin sicher etwas sagen wie: »Iih!«, oder: »Bäh!«

Bevor du die Geschichte aus Johannes 13,1-20 erzählst, erklärst du den Kindern, dass sie immer dann »Iih!« (oder was von ihnen genannt wurde) rufen sollen, wenn du die Hand hebst.

Du erzählst, dass die Füße der Jünger vom Laufen dreckig waren und stanken (»Iih!«), denn damals bestand die Umweltverschmutzung nicht aus Autoabgasen, sondern aus dem Mist von Eseln und Kamelen (»Iih!«). Wenn man sein Essen einnahm, lag man auf einer Couch und hatte die Füße eines anderen sozusagen im Gesicht (»Iih!«) – und das war nicht gerade angenehm, wenn die dreckig waren und stanken (»Iih!«). Deshalb wurden den Leuten von Sklaven die Füße gewaschen, was eine »Iih!«-Aufgabe war.

Aber in dieser Geschichte kommen keine Sklaven vor. Wer sollte also den Jüngern die Füße waschen? Jesus tat es und sagte, dass wir das Gleiche tun sollen. Das ist nicht im wörtlichen Sinn zu verstehen – heutzutage tragen wir Socken und Schuhe statt Sandalen, und bei uns gibt es auch keine Kamele. Nein, es ist eher so gemeint, dass wir andere höher schätzen sollen als uns selbst und dass wir den dreckigen oder langweiligen Aufgaben nicht aus dem Weg gehen sollen.

Fallen euch solche ungeliebten Aufgaben ein, vielleicht zu Hause oder in der Schule?

Jesus bediente seine Jünger, indem er ihnen die Füße wusch, und gab ihnen gleichzeitig ein Beispiel. Sind wir bereit, anderen zu dienen und auch einmal »Iih!«-Aufgaben zu übernehmen?

Person oder Ding?

Biblischer Bezug: Kolosser 3,12-13

Zielgedanke: Menschen soll man wie Menschen behandeln, nicht wie Gegenstände.

Material: ein Stein oder ein Stück Holz; eine Topfpflanze; eine Babypuppe; ein Stück Teppich oder eine Matte, um den Fußboden zu schützen

Du hebst den Stein oder das Holzstück hoch und lässt es auf die Unterlage fallen. Dabei passt du auf, dass die Kinder weit genug entfernt sind, damit der Gegenstand niemanden treffen kann, wenn er vom Boden abprallt.

»Hat irgendjemand etwas dagegen, dass ich das mache? Habe ich etwas Schlimmes getan?« Nein, natürlich nicht.

Jetzt nimmst du die Topfpflanze. »Wenn ich die fallen lassen würde, wäre das schlimm?« Es würde viel Dreck geben, und man müsste die Pflanze in einen neuen Topf setzen. Im schlimmsten Fall würde die Pflanze vielleicht eingehen. Aber würde jemand die Polizei rufen? Kann man wegen Pflanzenmisshandlung ins Gefängnis kommen?

Als nächstes folgt die Puppe. »Stellt euch vor, dies wäre ein echtes Baby. Wäre es schlimm, ein Baby fallen zu lassen? Wäre jemand von euch der Meinung, man müsste die Polizei oder eine Sozialeinrichtung benachrichtigen?«

Nun hebst du den Stein auf und fängst an, ihn zu beschimpfen, z.B. so: »Was für ein erbärmlicher, hässlicher kleiner Kieselstein du bist! Ich würde meine Ferien lieber auf der städtischen Müllkippe verbringen als mit dir an einem Strand zu sitzen. Wenn du im Inneren eines Vulkans lägst, würde der ausbrechen, nur um dich loszuwerden.« So was ist vielleicht ziemlich dumm, aber richtet es irgendeinen Schaden an?

Danach beschimpfst du eine imaginäre Person, z.B. so: »Hast du in letzter Zeit mal in den Spiegel geschaut? Oder bist du zu feige dazu? Schnell, zieh dir eine Mütze über den Kopf, gleich kommt eine Gesichtskontrolle!« Wenn solche Bemerkungen ernst gemeint wären, wären sie dann schlimm?

»Was ist es für ein Unterschied, ob ich einen Stein oder einen Menschen beschimpfe?«

Ein Stein hat keine Gefühle, ein Mensch aber sehr wohl. Wenn wir die Gefühle anderer Menschen nicht achten, behandeln wir sie wie Gegenstände. Es ist ein himmelweiter Unterschied, ob man einen Ball tritt oder einen Menschen.

In einem Brief in der Bibel gibt Paulus uns Ratschläge, wie wir miteinander umgehen sollen. Er sagt: »Weil ihr von Gott auserwählt und seine geliebten Kinder seid, die zu ihm gehören, sollt ihr euch untereinander auch herzlich lieben in Barmherzigkeit, Güte, Demut, Nachsicht und Geduld.

Streitet nicht miteinander, und seid bereit, einander zu vergeben, selbst wenn ihr glaubt, im Recht zu sein. Denn auch Christus hat euch vergeben.« (Kolosser 3,12-13)

Gott behandelt uns immer wie Menschen – wie geliebte Menschen – und nicht wie Gegenstände. Und uns fordert er auf, es genauso zu machen. Zu einem Stein kann man nicht freundlich, nachsichtig und geduldig sein. Aber zu unseren Mitmenschen!

29 Geben und Nehmen

Biblischer Bezug: Markus 4,24

Zielgedanke: Gott belohnt Großzügigkeit.

Material: eine Packung Smarties oder 30 andere kleine Süßigkeiten; zwei Schälchen

Du bittest ein Kind (A) nach vorne und wählst ein weiteres (B) aus, das möglichst nicht eng mit A befreundet ist. Dann gibst du beiden Kindern jeweils eine leere Schale, zählst 10 Smarties ab und legst sie in das Schälchen von A.

Du sagst zu A, dass er alle Smarties für sich behalten *oder* eins an B abgeben *oder* B so viele geben kann, wie er möchte. Aber er muss sich auf jeden Fall schnell entscheiden.

Wenn er seine Smarties entsprechend verteilt oder behalten hat, dann erklärst du, dass noch 20 Smarties übrig sind und dass A im gleichen Verhältnis so viele davon bekommt, wie er von seinen 10 Stück an B abgegeben hat.

Also: Wenn A ein Smartie an B weitergegeben hat, bekommt A zwei von dir; B bekommt die übrigen Smarties. Wenn A seine ganzen Smarties an B verschenkt hat, bekommt er alle 20, die du hast. Wenn von deinen 20 Smarties ein Rest bleibt, geht dieser an B.

Wie hängt nun die Großzügigkeit gegenüber B damit zusammen, wie viel A hinterher hat?

In Markus 4,24 sagt Jesus: »Achtet auf das, was ihr hört! Nach dem Maß, mit dem ihr messt und zuteilt, wird euch zugeteilt werden, ja, es wird euch noch mehr gegeben.« Mit anderen Worten: Wenn wir anderen gegenüber großzügig sind, ist Gott auch großzügig zu uns. Wenn wir anderen gegenüber kleinlich sind, ist Gott auch kleinlich zu uns.

Das bedeutet allerdings nicht, dass wir heute eine halbe Tafel Schokolade abgeben und morgen dafür eine ganze Tafel vom Himmel fällt! Gott belohnt uns, wenn wir von Herzen großzügig sind, aber was er uns dafür schenkt, kann ganz anders aussehen als das, was wir hergegeben haben. Aber da Gott weit mehr zu geben hat, als wir jemals geben können, ist es eine gute Sache, wenn wir zu denen gehören, die Gottes Großzügigkeit erfahren!

Teil

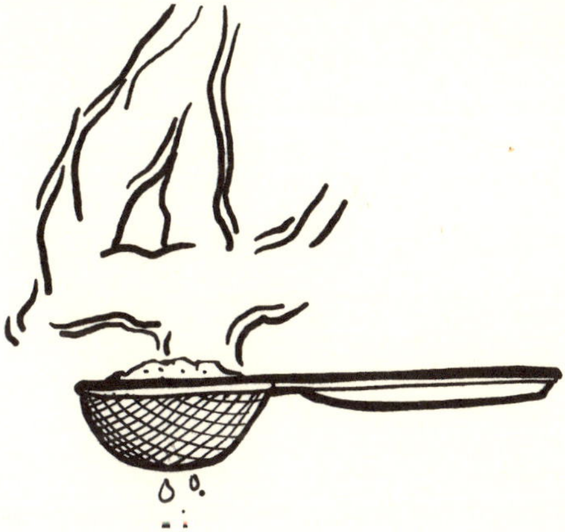

Gute und schlechte Entscheidungen

Entscheidungen treffen

Biblischer Bezug: 1. Mose 3

Zielgedanke: Wir können Gott um Hilfe bitten, wenn wir schwierige Entscheidungen treffen müssen.

Material: eine große Tafel Schokolade oder ein anderer Preis; drei Umschläge, die mit Aufklebern oder Filzstift rot, blau und gelb markiert sind; in den Umschlägen drei Zettel (mit folgenden Aufschriften: 1. Du hast den Preis gewonnen; 2. Ziehe einen anderen Namen und überreiche demjenigen den Preis; 3. Räume einen Monat lang nach der Gruppenstunde den Raum auf – oder etwas Ähnliches); Zettel mit den Namen der Kinder in einem Hut oder in einer Schachtel

Du zeigst den Kindern den Preis und kündigst an, dass du einen Namen aus dem Hut ziehen wirst. Derjenige bekommt dann die Chance, den Preis zu gewinnen. Du ziehst einen Namen und holst das Kind nach vorne. Dann zeigst du ihm die drei Umschläge und erklärst, was auf den darin versteckten Zetteln steht. Das Kind darf nun einen Umschlag ziehen. Entweder bekommt es den Preis, oder es zieht einen anderen Namen und überreicht den Preis, oder es verspricht, die auferlegte Pflicht zu erfüllen, egal wie lästig sie ist.

Wir alle treffen täglich eine Menge Entscheidungen. Manche sind ganz unbedeutend, z.B. was wir zu Mittag essen oder welche Socken wir anziehen. Manche haben größere Auswirkungen, z.B. mit wem wir uns anfreunden.

Je älter wir werden, desto wichtiger werden die Entscheidungen, die wir für uns und unser Leben treffen. Wir müssen uns entscheiden, welchen Beruf wir lernen wollen, wo wir wohnen oder wen wir heiraten. Anders als bei den drei Umschlägen haben wir aber meistens Menschen oder Informationen, die uns bei der Wahl helfen. Und trotzdem hat man bei großen Entscheidungen oft das Gefühl, dass ein gewisses Risiko bleibt.

Die Fähigkeit, Entscheidungen zu treffen, ist ein wesentlicher Teil des Menschseins. In der Bibel finden wir die Geschichte von Adam und Eva (1. Mose 3). Diese ersten Menschen durften wichtige Entscheidungen treffen. Sie durften die Namen für alle Tiere auswählen. Sie konnten zwischen vielen verschiedenen Früchten auswählen, welche sie essen wollten. Es gab nur eine Frucht, die ihnen schadete. Wir kennen die Geschichte: Am Ende entschieden sie sich für das eine, das ihnen verboten war. Und das zog schlimme Folgen nach sich.

Jeder von uns macht Fehler. Aber wir können beten und Gott um Hilfe bitten, damit wir gute Entscheidungen treffen. Schließlich ist er der Einzige, der weiß, welche Folgen unsere Entscheidungen haben werden.

Die richtige Entscheidung

Biblischer Bezug: 1. Samuel 24

Zielgedanke: Wir zeigen an einem Beispiel, wie man eine gute Wahl trifft.

Material: keins

Es ist wichtig, gute Entscheidungen zu treffen. »Heute möchte ich euch eine Geschichte von einem berühmten Mann erzählen, der einmal eine gute Entscheidung traf.« (Am besten erzählst du frei, das heißt du musst vorher die Geschichte gut vorbereitet haben.)

Nachdem David den Riesen Goliat besiegt hatte, wurde er ein Volksheld. Und das machte König Saul so eifersüchtig, dass er David töten wollte. Es gab zwar Männer, die auf Davids Seite waren, aber sie alle wurden von Saul und seinen Soldaten verfolgt. Manchmal mussten sich David und seine Männer in Höhlen verstecken, um zu entkommen.

Du erzählst die Geschichte, wie David sich entschloss, Saul am Leben zu lassen. Schließ mit Sauls Worten aus den Versen 20-21: »Wer lässt schon seinen Feind unbehelligt laufen, wenn er ihn einmal in seiner Gewalt hat? Der Herr möge dich für deine Großzügigkeit belohnen! Ich weiß genau, dass du König sein wirst und deine Familie in Israel für alle Zeiten regieren wird.«

Einige Zeit später wurden diese Worte wahr. Saul wurde in einem Kampf gegen die Philister getötet. Das Volk wählte David als neuen König für Israel. David hatte sich entschieden, das Richtige zu tun, und Gott belohnte ihn.

Haben wir in letzter Zeit mal jemandem gedroht: »Das zahle ich dir heim!«? Vielleicht haben wir uns sogar ausgemalt, was wir demjenigen alles antun wollten. Wie wär's, wenn wir uns entscheiden würden, es jemandem *nicht* heimzuzahlen? Wir sollten daran denken, wie Gott David belohnt hat, als dieser sich entschloss, das Richtige zu tun.

Das Geheimnis des Glücks

Biblischer Bezug: Philipper 4,11

Zielgedanke: Wir brauchen nicht neidisch zu sein auf das, was andere haben.

Material: vier Bilder (siehe unten), mit jeweils zwei Texten auf der Rückseite

Vier Kinder stehen nebeneinander und halten jedes ein Bild hoch. Der Reihe nach lesen sie ihren ersten Text vor (je nach Alter sollten sie vorher die Gelegenheit haben, das Vorlesen zu üben).

1. Kind: Ich bin rausgegangen, um meinen Hund im Park auszuführen. Ich kann ein paar herrliche Gärten sehen, die einen eigenen Tennisplatz haben. Ich würde so gern in einem der Häuser dort wohnen. (Bild 1)

2. Kind: Ich lebe in einem großen Haus in der Nähe des Parks. Ich sitze fast den ganzen Tag am Fenster und beobachte die Leute draußen. Seht mal! Da joggt einer vorbei. Ich wollte, ich könnte auch so rennen. (Bild 2)

3. Kind: Jetzt habe ich meine Fünf-Kilometer-Runde fast geschafft. Ich habe solchen Hunger. Ich würde so gern eine Portion Pommes essen, aber ich habe kein Geld, um mir welche zu kaufen. (Bild 3)

4. Kind: Ich kaufe mir eine Portion Pommes Frites und dann gehe ich nach Hause in meine leere Wohnung. Ich bin so einsam. Ich hätte so gerne einen Freund oder wenigstens eine Katze oder einen Hund so wie das Mädchen dort im Park. (Bild 4)

Du dankst den Kindern, dass sie so gut gelesen haben. »Geht noch nicht weg, denn wir brauchen euch noch mal.«

Es passiert so oft, dass wir auf andere Leute sehen und das haben wollen, was sie haben: Süßigkeiten, einen neuen Fußball, einen netteren Lehrer. Aber andere sehen auf uns und wollen haben, was wir haben.

Wir wollen jetzt einen Versuch machen: Unsere Vorleser tauschen bitte einmal die Reihenfolge, das heißt: Nummer vier liest zuerst, dann Nr. 3 und so weiter.

4. Kind: Ich esse jetzt meine Pommes Frites. Ich werde immer dicker. Ich wollte, ich wäre so fit wie der Jogger dort.

3. Kind: Ich jogge an dem großen Haus vorbei, wo immer dieses hübsche Mädchen am Fenster sitzt. Sie sieht einfach toll aus. Ich wünschte, sie wäre meine Freundin.

2. Kind: Da ist wieder dieses Mädchen, das immer den Hund im Park ausführt. Ich wollte, ich könnte aufstehen und spazieren gehen und müsste nicht den ganzen Tag in diesem Rollstuhl sitzen.

1. Kind: Jetzt komm schon, Hund. Warum verlangt Mami, dass ich dich jeden Tag ausführe? Das ist ungerecht. Ich wollte, ich könnte ganz allein in meiner eigenen Wohnung leben, so wie die Frau dort drüben.

Wir sind nie zufrieden, stimmt's? Wir wollen immer das, was jemand anders hat. Es ist, als ob man ständig im Kreis herumläuft. In der Bibel sagt Paulus aber: »Ich habe gelernt, in allen Lebenslagen zurechtzukommen.« (Philipper 4,11)

Jetzt denkt ihr vielleicht: »Paulus hat gut reden, er war schließlich ein Apostel. Er hat keine Ahnung, wie schwer ich es im Leben habe.«

Wenn man genau hinsieht, hatte Paulus es aber ganz schön schwer im Leben. Er wurde mehrmals ausgepeitscht und ins Gefängnis geworfen. Aber er wusste, dass Gott die ganze Zeit über bei ihm war, und das war wichtiger als alles andere. Das war sein Geheimnis. Er beschloss, sich lieber darauf zu besinnen als darüber nachzudenken, wie übel ihm mitgespielt wurde.

Taten sprechen lauter als Worte

Biblischer Bezug: Matthäus 21,28-31

Zielgedanke: Was wir tun ist wichtiger als das, was wir sagen.

Material: keins

Vor ein paar Jahren passierte die folgende Geschichte: Eine Schule in England hatte einen Mann eingeladen, der den Schülern etwas über Überlebenstechniken beibringen sollte. Der Gast war früh dran und beschloss, vor seinem Kurs einen Spaziergang zu machen. Die Schule war nämlich sehr schön gelegen – hoch auf den Klippen über dem Meer. Als er nach einer Stunde noch nicht zurückgekehrt war, begann das Lehrerkollegium an der Schule sich Sorgen zu machen.

An der Küste gibt es überall Wachen, die nach Menschen in Not Ausschau halten. An dieser Schule gab es allerdings etwas Ungewöhnliches. Es war nämlich die einzige Schule des Landes, die eine eigene Hilfstruppe für die Küstenwache zur Verfügung stellte. Diese Gruppe von Lehrern und Schülern wurde nun zusammengetrommelt und losgeschickt, um den Mann zu suchen, doch sie konnten keine Spur von ihm finden. Daraufhin wurden weitere Einheiten der Küstenwache und auch die Polizei alarmiert. Der Suchtrupp bestand schließlich aus vierzig Leuten aus der Gegend, fünf Polizeibeamten, einem Spürhund und zwei Hubschraubern!

Fünf Stunden später, als eine Mannschaft eine unzugängliche Steilwand der Klippen hinaufkletterte und sich durchs

Gebüsch kämpfte, hörten sie schließlich Hilferufe. Sie fanden den Überlebenstrainer auf einem Felsvorsprung. Obwohl er nur eine Zeltplane und nichts zu essen bei sich hatte, weigerte er sich, auch nur einen Schritt zu tun. Schließlich ließ er sich doch überreden, in einen der Hubschrauber zu steigen.

Die Schule hat ihn übrigens nicht noch einmal als Lehrer für einen Kurs in Überlebenstraining eingeladen, nachdem er es nicht einmal geschafft hatte, zu seinem Unterricht zu erscheinen.

»Was ist wichtiger: was wir sagen oder was wir tun?« Wer tut zum Beispiel mehr für die Umwelt: jemand, der ein tolles Plakat entwirft oder jemand, der Abfall wegräumt und nicht überall das Licht brennen lässt?

Jesus hat dazu eine kleine Geschichte erzählt, die mit einer Frage endete: »Was sagt ihr dazu: Ein Mann hatte zwei Söhne. Er sagte zu dem ersten: ›Mein Sohn, arbeite heute in unserem Weinberg!‹ ›Ja, Vater‹, antwortete er. Doch er hatte keine Lust und ging nicht hin. Auch den zweiten Sohn forderte der Vater auf, die Arbeit zu erledigen. ›Ich will aber nicht!‹, entgegnete dieser. Später tat es ihm Leid und er ging doch an die Arbeit. Wer von den beiden Söhnen hat nun getan, was der Vater wollte?« (Matthäus 21,28-31)

Ein altes Sprichwort heißt: »Taten sprechen lauter als Worte.« Der Suchtrupp und alle, die die Geschichte in der Zeitung lasen, beurteilten den »Überlebenstrainer« nach dem, was ihm passiert war – und nicht nach dem, was er vielleicht in seinem Kurs gesagt hätte. Die Geschichte von Jesus zeigt uns, dass Gott uns auf die gleiche Weise beurteilt. Vielleicht sollten wir darum beten, dass unsere Taten mindestens so gut sind, wie die besten Worte, die wir sagen.

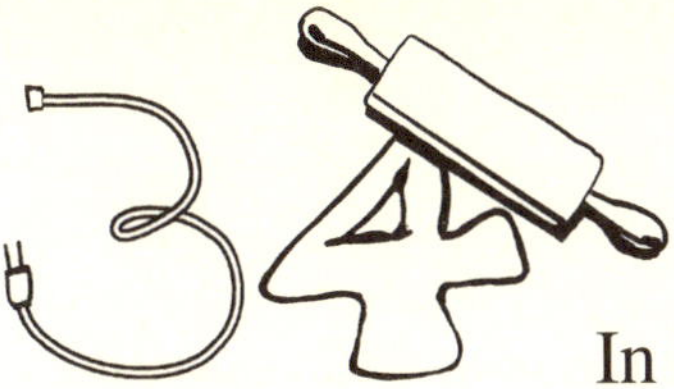

In Rauch aufgegangen

Biblischer Bezug: Psalm 104

Zielgedanke: Die Schöpfung zu bewahren ist eine Aufgabe gerade für Christen.

Material: ein Sack Grillkohle; eine Papierrolle, auf der in großer Schrift eine der beiden Zahlen steht: 1.140.000.000.000, wenn Sie einen 5-Kilo-Sack Kohle haben, 1.710.000.000.000 bei einem 3-Kilo-Sack

Du zeigst den Kindern ein Stück Holzkohle. Woraus besteht es? Hauptsächlich aus Kohlenstoff. Bei der Verbrennung von Kohle entsteht ein Gas, und das heißt Kohlendioxid.

Wenn wir Kohle oder Öl verbrennen, um Häuser zu heizen oder Energie für Fabriken zu nutzen, dann gelangt eine ganze Menge Kohlendioxid in unsere Atmosphäre. Ein Teil des Kohlenstoffs verbrennt dabei nicht richtig, sondern geht in Form kleiner schwarzer Rußteilchen buchstäblich in Rauch auf.

Wie viel Kohlenstoff gelangt wohl jedes Jahr als Kohlendioxid oder Ruß in die Atmosphäre? Entspricht die Menge vielleicht ein paar Tausend von solchen Holzkohlesäcken? Oder müssen wir eher von Millionen ausgehen?

Dann bittest du zwei Kinder, die Zahl zu entrollen. Die Kohlenstoffmenge, die jedes Jahr in die Atmosphäre geht, entspricht dieser Anzahl von Holzkohlesäcken. Stellt euch mal einen Berg mit so viel Holzkohle vor! Es sind 5,7 Milliarden Tonnen!

Die Verbrennung von so viel Kohlenstoff führt zur Umweltverschmutzung und zum so genannten Treibhauseffekt. Viele Menschen denken gar nicht darüber nach, dass sie so die Natur zerstören und sich selber schaden. Sie haben keine Achtung vor Gottes Schöpfung – oder glauben nicht mal daran, dass es einen Gott gibt, der die ganze Welt geschaffen hat. Sollten wir Christen nicht die Ersten sein, die sich darum kümmern, dass die Erde nicht verschmutzt? Was können wir selbst dafür tun?

Psalm 104 ist ein wunderbares Lied über die Schönheit der Schöpfung. Gemeinsam könnt ihr überlegen, was jeder Einzelne tun kann, um diese Schönheit zu bewahren.

35 So viele Menschen

Biblischer Bezug: Psalm 33,8-22

Zielgedanke: Gott ist größer als die Probleme der Welt.

Material: große Papierbogen, auf denen folgende Zahlen stehen: 6.000.000.000 und 1.000.000.000+

(Für diese Andacht benötigst du eine recht große Anzahl Kinder. Sie ist deshalb besonders für Kindertage oder Freizeiten geeignet.)

Du sagst, dass du die Kinder jetzt zählen wirst und dass derjenige, auf den du zeigst, aufstehen soll. Dann fängst du an, im Sekundentakt zu zählen und auf die Kinder zu zeigen: »Ein Baby, zwei Babys, drei Babys, vier Babys ...« usw. – bis dreißig.

Jedes dieser Kinder steht nun für ein Baby, das tatsächlich gerade in dem Moment irgendwo auf der Welt geboren wurde. »Jede Sekunde kommt nämlich ein Mensch zur Welt.«

Du bittest die dreißig Kinder nach vorne und erklärst ihnen, dass sie nun für die sechs Milliarden Menschen auf der Welt stehen. Eines der Kinder soll das Blatt halten, auf dem 6.000.000.000 steht.

Nun nimmst du zehn der dreißig Kinder zur Seite: Sie stellen die Kinder dieser Erde da. »Ein Drittel der Weltbevölkerung sind Kinder.« Sie brauchen Nahrung, Wohnungen, Gesundheitsversorgung und Schulen.

Von den zwanzig »Erwachsenen« stellst du sechs auf eine

Seite. Das sind die Menschen, die in den Entwicklungsländern, den ärmeren Ländern auf der Welt, keine Arbeit finden. Von den vierzehn übrigen sind einige zu alt zum arbeiten. Sie müssen versorgt werden. Diejenigen, die Arbeit haben, müssen die anderen unterstützen.

Jetzt bittest du weitere sechs Kinder zu den anderen nach vorne. Das ist die Zahl der Menschen, die innerhalb der nächsten zehn Jahre zur Weltbevölkerung dazukommen werden, mehr als eine Milliarde. Geben Sie einem dieser Kinder das Blatt mit der Zahl 1.000.000.000+.

»Wo sollen wir die Nahrung, die Krankenhäuser, die Arbeit, die Schulen für diese zusätzlichen Menschen herbekommen? Das klingt wie eine unlösbare Aufgabe, oder nicht? Meint ihr, irgendjemand kann dieses Problem lösen?«

Gott ist der Schöpfer der Welt und er liebt sie und alle Menschen darin. Wenn er weise genug ist, eine solche Welt zu erschaffen, dann ist er auch weise genug, um die Antwort auf unsere Fragen zu kennen. Er liebt uns, aber er hat uns nicht wie Roboter gemacht, deshalb will er, dass wir auf der Suche nach einer Lösung auf ihn hören.

Es ist ein riesengroßes Problem, wie all diese Menschen auf der Welt ernährt und versorgt werden sollen. Aber Gott ist noch größer. Als Christen sind wir davon überzeugt, dass jeder Einzelne von uns ein Teil von Gottes Lösung sein kann. Denn was in Psalm 33,13-15 steht, stimmt: »Der Herr schaut vom Himmel herab und sieht jeden Menschen. Von seinem Thron blickt er nieder auf alle Völker der Erde. Er gibt ihnen die Fähigkeit zum Denken und Handeln; über alles, was sie tun, weiß er Bescheid.«

Teil

Lass dich nicht erwischen

An der Angel

Biblischer Bezug: Johannes 8,36

Zielgedanke: Es gibt Dinge, die uns abhängig machen, aber wir können mit Gottes Hilfe davon frei werden.

Material: zwei lange Stöcke mit Schnüren, an denen entsprechende Süßigkeiten hängen, z.B. rote Lakritzschnüre; zwei Augenbinden

Mit vier Freiwilligen aus deiner Gruppe machst du einen lustigen Angelwettbewerb. Dazu bildest du zwei Teams aus je zwei Kindern. Du gibst einem Kind in jedem Team die »Angel« und verbindest dem zweiten Mitspieler die Augen. Mit den Händen auf dem Rücken muss dieser versuchen, den »Köder« am Ende der Schnur zu erwischen und aufzuessen. Das schnellere Team ist Sieger.

Womit kann man angeln? Mit Würmern, Brotkügelchen, Fliegen usw. Aber was ist der richtige Köder, wenn man Menschen »an die Angel« bekommen will?

Nenne ein oder zwei Beispiele, den Kindern fallen dann vielleicht weitere ein, z.B. Videospiele, Drogen, Alkohol, Zigaretten, Süßigkeiten. Es kann auch zur Sucht werden, über andere zu lästern oder Lügengeschichten zu erzählen.

Was passiert mit Menschen, die von solchen Dingen abhängig werden? Es ist schwer, etwas wieder aufzugeben, woran der Körper sich gewöhnt hat und was er regelmäßig bekommt (z.B. Alkohol). Und viele Menschen merken am Anfang gar nicht, dass sie süchtig sind!

Alleine schaffen wir es nicht, uns vom Angelhaken zu befreien, wenn wir ihn erst einmal geschluckt haben. Aber Jesus kann das. Er hat einmal über sich selbst gesagt: »Wenn euch also der Sohn Gottes befreit, dann seid ihr wirklich frei.« (Johannes 8,36)

Am besten ist es, dem Köder von Anfang an aus dem Weg zu gehen. Wenn wir mit Gott über alle Dinge reden, die uns beschäftigen, merken wir am ehesten, wenn es gefährlich wird. Aber wenn wir doch einmal »an der Angel« hängen, dann wollen wir daran denken, dass Jesus uns frei machen kann.

Auf frischer Tat ertappt

Biblischer Bezug: Sprüche 28,24

Zielgedanke: Gottes Regeln haben einen Sinn.

Material: keins

Sprechen Sie über Geburtstage und Geburtstagstorten. Sind die Kinder jemals in Versuchung geraten, ein bisschen von ihrer Torte zu naschen, bevor sie auf der Feier angeschnitten wurde?

Es gab einmal einen Hund mit dem seltsamen Namen Apfel. Er lebte in Amerika. Sein Herrchen hatte eine Geburtstagstorte gebacken und sie auf dem Tisch stehen lassen. Die Versuchung war zu groß für Apfel. Er stürzte sich auf die leckere Torte, aber er hatte es so eilig, sie zu verschlingen, dass er ein Schwertschluckerkunststück mit dem Messer vollbrachte, das zum Anschneiden in der Torte steckte.

Apfel hatte Glück, dass er das Messer mit dem Griff voran verschluckte, sonst wäre seine Gier vielleicht tödlich ausgegangen. Sein Herrchen fand ihn, wie er dalag, die Klinge aus seinem Maul herausragend, und es gelang ihm, den Hund aus seiner misslichen Lage zu befreien. Das war wirklich »auf frischer Tat ertappt«!

Können Tiere zwischen richtig und falsch unterscheiden? Sie wissen bestimmt, wann ihr Herrchen nicht einverstanden ist mit dem, was sie tun. Aber sie können nicht verstehen, warum sie etwas nicht tun sollen. Wir Menschen wissen, dass wir nicht stehlen sollen. Und wir können auch wissen, warum. Gott will, dass wir das Eigentum anderer Menschen achten. Das steht auch in den zehn Geboten. Die Regeln, die Gott aufgestellt hat, sind aber nicht dazu da, um uns zu ärgern, sie sollen uns vielmehr helfen, das Richtige zu tun, damit es uns selbst und den Menschen, mit denen wir zu tun haben, gut geht.

Gott kennt uns aber genau und weiß, dass es uns manchmal ganz schön schwer fällt, das Richtige zu tun. Deshalb vergibt er uns auch, wenn wir einen Fehler, den wir gemacht haben, bereuen. Aber er will auch, dass wir versuchen, es nicht wieder zu tun. Und er ist nicht einverstanden, wenn wir uns herausreden, indem wir sagen, es sei nur eine Kleinigkeit gewesen.

Hört mal, was die Bibel dazu sagt: »Wer Vater oder Mutter beraubt und sagt: ›Das ist kein Unrecht!‹, der ist nicht besser als ein Verbrecher!« (Sprüche 28,24)

Mit anderen Worten, selbst wenn wir nur etwas Kleines zu Hause ohne Erlaubnis wegnehmen – ein paar Geldstücke oder Süßigkeiten – ist das unrecht. Und dafür müssen wir um Vergebung bitten.

Der garstige Ochsenfrosch

Biblischer Bezug: Lukas 12,15-21

Zielgedanke: Habsucht ist Sünde.

Material: keins

Kennt jemand von euch die Geschichte des hungrigen Hugo? Er war ein garstiger Ochsenfrosch und lebte in einem Schmetterlings- und Dschungelsafaripark.

In einem Sommer bemerkten die Mitarbeiter in dem Park, dass ihre Schmetterlinge immer weniger wurden. Täglich verschwanden bis zu zwanzig Exemplare dieser schönen und teuren Tiere. Viele der Falter waren extra von überall auf der Welt importiert worden.

Zuerst geriet ein Leguan in Verdacht, aber es stellte sich heraus, dass er Vegetarier war. Als nächstes wurde eine Gruppe von Kakadus näher unter die Lupe genommen. Wochenlang kratzten sich die Mitarbeiter des Parks ratlos am Kopf und konnten den Übeltäter nicht ausmachen.

Schließlich beobachtete jemand, wie Hugo einen seiner Verwandten verschlang, einen Ochsenfrosch, der fast so groß war wie er selbst. Und zum Nachtisch erhaschte er mit einem Luftsprung einen Schmetterling mitten im Flug.

Den hungrigen Hugo zu fangen war fast so schwer wie ihn zu entlarven. Die Mitarbeiter mussten warten, bis der Winterschlaf ihn träge machte. Und wie sah seine Strafe aus? Einzelhaft in einem Glasbehälter!

»Er hatte einen unersättlichen Appetit«, sagte der Direktor des Parks. »Er war richtig fett, als wir ihn endlich erwischten. Jetzt füttern wir ihn mit Heuschrecken, die sind wesentlich billiger.«

Gier und Habsucht sind schlechte Eigenschaften. Jesus erzählte einmal eine Geschichte über einen Mann, der so eine Art menschlicher Hugo war. Allerdings galt die Gier dieses Mannes nicht nur dem Essen, sondern auch Geld und Besitz. »Hört einmal zu, was mit ihm geschah.« (Du liest oder erzählst die Geschichte vom reichen Kornbauern aus Lukas 12,15-21.)

Ha-ha-hatschi!

Biblischer Bezug: Philipper 4,8

Zielgedanke: Es gibt einen geistlichen Schutzmechanismus.

Material: ein sauberes Taschentuch

Diese Andacht passt besonders in die Grippe- und Schnupfenzeit.

Du niest einmal ganz laut. »Was passiert, wenn wir niesen?« Wir schleudern auf explosionsartige Weise Luft aus unseren Lungen. Die herausschießende Luft versprüht einen feinen Nebel aus ungefähr 16.000 Tröpfchen über eine Entfernung bis zu einem Meter. Deshalb hält man sich beim Husten die Hand vor den Mund und niest in ein Taschentuch; Husten und Schnupfen sind wirklich ansteckend.

Noch etwas: Wenn wir niesen, müssen wir die Augen zumachen. Forscher haben herausgefunden, dass es unmöglich ist, die Augen offen zu halten, wenn man niest. Die Kraft eines Niesers ist unheimlich groß – ob sie wohl ausreicht, die Augäpfel aus ihren Höhlen zu schleudern?

Warum niesen wir? Es ist ein Schutzmechanismus. Das Kitzeln in der Nase oder im Hals könnte ein gefährlicher Fremdkörper sein und durch das Atmen oder Schlucken in die Lunge geraten. Beim Niesen wird dieser Fremdkörper wieder hinauskatapultiert. Beobachtet mal ein Baby – es niest ganz oft! Das ist nur einer von vielen Tricks, mit denen der Körper sich selbst schützt.

Und genau wie viele andere Schutzmechanismen läuft er unfreiwillig ab. Das heißt, wir können einen Nieser nicht selbst produzieren und wir können ihn auch kaum unterdrücken, wenn er unterwegs ist. Das Niesen lässt sich nicht bewusst mit unserem Denken steuern.

Aber was ist mit unseren Gedanken? Was passiert, wenn etwas womöglich Schädliches in sie eindringt – zum Beispiel etwas, das wir im Fernsehen gesehen haben? (Nenn hier einen aktuellen Horrorfilm oder etwas Ähnliches.) Wenn so ein Bild erst einmal in unserem Kopf ist, können wir es nicht herausniesen. Ihr wisst sicher auch, wie es ist, wenn uns etwas im Kopf herumgeht und wir es nicht abschalten können.

Deshalb müssen wir darauf achten, was wir anschauen. Am besten ist es, wenn wir überhaupt nicht zulassen, dass solche Dinge in unsere Köpfe geraten. Der Apostel Paulus formuliert es positiv: »Schließlich, liebe Brüder, orientiert euch an dem, was wahrhaftig, gut und gerecht, was anständig, liebenswert und schön ist. Wo immer ihr etwas Gutes entdeckt, das Lob verdient, darüber denkt nach.« (Philipper 4,8)

Das ist ein guter Rat.

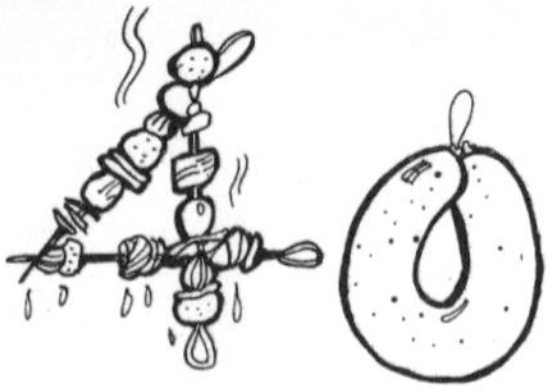

Ein Stapel bis zum Himmel

Biblischer Bezug: Sprüche 23,4

Zielgedanke: Wir sollen mit Geld vernünftig umgehen.

Material: ein Stapel Zehnpfennigstücke; ein dicker Filzstift; evtl. ein großer selbstgebastelter Scheck über 10 Millionen Mark

»Würdet ihr gerne mal im Lotto gewinnen? Was meint ihr, wie groß die Chance ist, damit richtig reich zu werden?«

Du zeigst den Kindern die aufgestapelten Zehnpfennigstücke und malst einen dicken schwarzen Punkt auf eins davon.

Nun versteckst du die markierte Münze in dem Stapel. Wer die richtige Münze auswählt, erhält den Hauptgewinn. (Du zeigst den Riesenscheck vor, wenn du einen vorbereitet hast.) »Da sind die Chancen doch gar nicht schlecht, oder?«

Beim Lotto sind sie aber nicht so gut. Um zu zeigen, wie schwierig es ist, im Lotto zu gewinnen, brauchen wir noch viel mehr Zehnpfennigstücke. Unser Stapel würde bis zur Decke reichen. Und dann bräuchten wir einen Kran, um ihn so hoch zu machen wie den Eiffelturm. Selbst wenn der Stapel so hoch wäre wie der Mount Everest, würde es nicht reichen. Wir müssten ein Flugzeug haben, um noch mehr Münzen aufzustapeln. Es würde so hoch fliegen, wie es kann, bis auf 10.000 Meter – das ist ungefähr die Flughöhe eines Düsenjets – aber wir hätten noch nicht einmal die Hälfte geschafft! Wir müssten immer mehr Zehnpfennigstücke auf den Stapel legen, bis er über 26.000 Meter oder 26 Kilometer hoch ist.

So, und jetzt, wo der Stapel fertig ist, könnt ihr kommen und mitspielen. Mit 5 Mark seid ihr dabei! Dafür dürft ihr eine Münze aus dem 26 Kilometer hohen Stapel auswählen. Wer die richtige trifft, bekommt den Hauptgewinn. Wer macht mit?

»Kommt es euch völlig unmöglich vor, die Gewinnmünze aus diesem Turm zu ziehen? Und dabei ist die Chance die gleiche, wie mit einem 5-Mark-Lottoschein einen Millionengewinn zu erhalten!«

Der weise König Salomo sagte einmal: »Versuche nicht, mit aller Gewalt reich zu werden, denn das ist unvernünftig.« (Sprüche 23,4)

Jemand, der viel Zeit und Geld darauf verwenden würde, die richtige Münze in einem 26 Kilometer hohen Stapel zu finden, wäre wirklich unvernünftig. Viel besser ist es für uns, nicht mit aller Gewalt nach Reichtum zu streben, sondern darüber nachzudenken, wie wir unser Geld sinnvoll einsetzen können.

Die schnelle Mark

Biblischer Bezug: Sprüche 13,11

Zielgedanke: Wir sollten nicht auf den Zufall setzen, sondern das, was wir haben, sinnvoll einsetzen.

Material: zwei große Blätter Papier, auf denen jeweils folgende Zahlen stehen: *35.400 DM* und *-15.210 DM*

Du brauchst zwei Freiwillige, die gern bei einem Versuch mitmachen würden. Wir nennen sie Anne und Tom. »Ihr beide müsst mir helfen, über die nächsten zwanzig Jahre ein paar tausend Mark auszugeben.«

Jedes der Kinder bekommt 15 Mark Taschengeld pro Woche. Anne gibt 9 Mark davon aus und lässt ihren Vater von dem Rest einen Lottoschein kaufen. Sie hofft, dass sie einmal den Hauptgewinn bekommt und Millionärin wird.

Tom gibt ebenfalls 9 Mark pro Woche aus, aber er möchte den Rest sparen, damit er eines Tages etwas damit machen kann. Er zahlt also jede Woche 6 Mark in einen Bausparvertrag ein.

Fünf Jahre später haben beide etwas mehr Geld zur Verfügung, ungefähr 30 Mark die Woche. Anne entscheidet sich, ihren Lottoeinsatz zu verdoppeln. Tom verdoppelt seine Einzahlungen in den Bausparvertrag.

Es vergehen wieder fünf Jahre und die beiden haben inzwischen einen Beruf. Anne gibt jede Woche 24 Mark für Lottoscheine aus und Tom zahlt jede Woche 24 Mark in seinen Sparvertrag ein.

Weitere fünf Jahre später kann Anne es sich leisten, jede Woche 48 Mark ins Lottospielen zu stecken, in der Hoffnung auf den Hauptgewinn. Tom dagegen stockt seinen Sparvertrag auf 48 Mark pro Woche auf.

»Jetzt wollen wir mal sehen, wie es ihnen nach zwanzig Jahren wohl geht.«

Anne hat insgesamt 23.400 Mark für Lottoscheine ausgegeben. Ist sie dadurch Millionärin geworden? Mit großer Wahrscheinlichkeit nicht. Sie hat vermutlich hin und wieder Gewinne eingesteckt, die zusammen etwa 8190 Mark ergeben. Insgesamt hat sie also 15.210 Mark verloren. (Du gibst »Anne« das Blatt mit *-15.210 DM.*)

Tom hat den gleichen Betrag – 23.400 Mark – in seinen Bausparvertrag eingezahlt. Zusammen mit den Zinsen (hier mit 6 % gerechnet) erhält er nun eine Summe von über 35.400 Mark. (»Tom« bekommt das Blatt mit *35.451 DM.*) Auf der einen Seite 15.210 Mark minus, auf der anderen Seite 35.451 Mark plus – Tom steht um mehr als 50.000 Mark besser da als Anne.

Ob ihr es glaubt oder nicht: Schon der weise König Salomo wusste, dass die schnelle Mark nicht so leicht zu machen ist: »Was man langsam erwirbt, das vergrößert sich noch.« (Sprüche 13,11)

Teil

Warnsignale

Ein geniales Alarmsystem

Biblischer Bezug: Psalm 19,8-13

Zielgedanke: Gottes Warnsignale sind zu unserem Schutz da.

Material: ein Hammer; Nägel; ein Bild

Du sagst, dass du den Raum ein bisschen verschönern möchtest und dafür ein Bild mitgebracht hast. Dann suchst du eine geeignete Stelle an der Wand und hältst den Nagel so, dass du darauf schlagen kannst. Du tust so, als hättest du deinen Daumen getroffen, und rufst laut »Aua!«, während du deinen Daumen festhältst. Dann betest du: »Danke, Herr, für den Schmerz. Amen.«

»Findet ihr es verrückt, Gott für den Schmerz zu danken?« Der berühmte Arzt Paul Brand dachte das zuerst auch. Als er ein Kind war, lebte er in Indien, wo sein Vater als Arzt und Missionar arbeitete. Er erinnert sich noch lebhaft an die einzige Begebenheit seines Lebens, bei der sein Vater zögerte, jemandem zu helfen.

Paul war damals sieben Jahre alt. Eines Tages kamen drei Männer zum Haus seiner Eltern, weil sie medizinische Versorgung benötigten. Als sie näher kamen, fiel Paul auf, dass sie sich von den Hunderten anderer Menschen, die jeden Tag herkamen, deutlich unterschieden. Ihre Haut war dick und fleckig, ihre Ohren waren geschwollen. Um ihre Füße waren blutige Verbände gewickelt. Als sie direkt vor ihm standen, sah Paul, dass ihnen ein paar Finger fehlten und dass einer von ihnen keine Zehen mehr hatte.

Pauls Mutter kam aus dem Haus und wurde plötzlich ganz blass. Sie befahl Paul, seinen Vater schnell herbeizuholen und sich dann im Haus einzuschließen.

Aber Paul war neugierig, und so schlich er nach draußen und fand ein Versteck, von wo aus er alles beobachten konnte. Er sah, dass sein Vater chirurgische Handschuhe anzog – das tat er sonst nie. Als er zusah, wie sein Vater die Wunden der Männer reinigte und verband, wunderte er sich, dass sie gar nicht vor Schmerz zusammenzuckten oder stöhnten.

Dies war für Paul die erste Begegnung mit Lepra, der ältesten bekannten und lange Zeit am meisten gefürchteten Krankheit der Welt. Als er erwachsen war, wurde Paul selbst Arzt und sein Spezialgebiet war genau diese Krankheit: Lepra. Bei seinen Studien an Leprapatienten in Indien entdeckte er, dass die Krankheit die Nervenzellen angreift und der Betroffene allmählich das Schmerzempfinden in seinen Körperteilen verliert.

Das führt dazu, dass er sich den Finger einklemmt und es nicht einmal bemerkt. Oder er verstaucht sich den Knöchel und läuft damit weiter. Oder seine Augenlider blinzeln nicht mehr bei der Berührung mit Staub und Dreck und er wird blind.

Keiner von uns mag den Schmerz – er würde sich sonst auch nicht als Alarmsystem eignen. Schmerz ist ein Warnsignal für den Körper und schützt ihn vor schlimmen Verletzungen. Deshalb ist es gar nicht so komisch, Gott »Danke« zu sagen für den Schmerz.

Es gibt aber auch Warnsignale für unsere Seele: die Gebote Gottes. Und auch dafür sollten wir Gott danken, so wie der Dichter von Psalm 19 das in Vers 12 tut: »Herr, ich gehöre zu dir. Wie gut, dass mich dein Gesetz vor falschen Wegen warnt! Wer sich an deine Gebote hält, wird reich belohnt.«

43 Nesel netnih nov

Biblischer Bezug: Markus 2,27; Markus 3,1-6; 5. Mose 5,12

Zielgedanke: Gottes Regeln für unser Leben werden oft missverstanden

Material: eine Liste von Wörtern, die von hinten gelesen werden sollen, z.B. Honig, sieben, Butter, Rennen, Fußball, Daumen, grün, Maus, Dorf, Klasse

Du bittest ein paar Kinder, die Wörter auf der Liste rückwärts zu lesen, z.B. Honig – Ginoh. Wahlweise kannst du die Wörter auch selbst von hinten lesen und die Kinder raten lassen, was sie bedeuten.

Dann erzählst du die Geschichte von Jesus und dem Mann mit der verkrüppelten Hand aus Markus 3,1-6. Dies ist eine Geschichte über Menschen, die die Dinge verkehrt herum sehen.

Vielleicht solltest du erklären, dass die Synagoge der Ort war, an dem die Juden Gott verehrten und wo sie in ihrem Glauben unterrichtet wurden, ähnlich wie wir in einer Kirche. Der Sabbat ist der Samstag und den Juden heilig. Die Juden besaßen sehr strenge Gesetze, die jede Art von Arbeit am Sabbat verboten. Viele Juden befolgen heute noch ähnliche Gesetze.

Die religiösen Führer der damaligen Zeit sahen die Dinge verkehrt herum. Jesus sagte: »Der Sabbat wurde doch für den Menschen geschaffen und nicht der Mensch für den Sabbat.« (Markus 2,27)

Anders ausgedrückt: Gottes Gesetze für unser Leben sollen uns helfen, ein erfüllteres – und nicht ein eingeengtes – Leben zu führen. Im vierten Gebot fordert Gott sein Volk auf, den Sabbat als einen Tag zu achten, der ihm allein geweiht ist (5. Mose 5,12). Es ist ein Tag, an dem man von seiner Arbeit ausruhen und sich daran erinnern soll, wie Gott die Welt erschuf und auch am siebten Tag ausruhte. Gott wollte aber nicht, dass das Beachten der Gebote die Menschen davon abhielt, Gutes zu tun.

Die strengen Juden in der Geschichte hatten das nicht begriffen. Aber kann es nicht sein, dass wir auch etwas verkehrt herum sehen, z.B. wenn wir den Sonntag mit vielen Aktivitäten voll stopfen und dabei gar nicht mehr an Gott denken?

Eidechsenmüsli

Biblischer Bezug: Markus 7,14-23

Zielgedanke: Wir sollen auf unsere Worte achten, damit wir durch sie nicht sündigen.

Material: ein Schälchen mit Müsli, ein Löffel, eine Backpflaume

Du entschuldigst dich dafür, dass du heute mit deinem Frühstück so spät dran bist und fängst an, das Müsli zu essen. Dann hältst du den Löffel mit der Pflaume hoch und erzählst, was einem Lehrer in England einmal passierte.

Der Lehrer aß gerade sein Müsli zum Frühstück, als er etwas entdeckte, was er für eine getrocknete Pflaume hielt. Zum Glück sah er sich die Frucht genauer an, bevor er sie in den Mund steckte. Und da merkte er, dass es in Wirklichkeit eine kleine vertrocknete Eidechse war! Diese Baumeidechse, ein schwarzer Leguan, war mit einer großen kalifornischen Rosine verwechselt worden. (Iss deine Pflaume und erkläre, dass sie »total lecker« schmeckt.) Die Firma musste übrigens eine dicke Geldstrafe bezahlen, weil sie ihre Waren nicht richtig kontrolliert hatte!

Es gibt noch andere, wenn auch zum Glück seltene Fälle, bei denen Dinge im Essen gefunden wurden, die da wirklich nichts zu suchen hatten. Jemand hat zum Beispiel mal in einer Tafel Schokolade einen Zigarettenstummel gefunden! Und bei manchen Zutaten, die ganz offiziell auf der Packung stehen, fragt man sich doch, ob sie tatsächlich nötig sind.

Es kann wirklich beunruhigend sein, was wir alles so in den Mund nehmen. Aber was aus unserem Mund herauskommt, kann genauso schlimm sein. (Lies dazu Markus 7,14-23.) Jesus sagt uns, dass wir viel mehr auf die Worte, die aus unserem Mund kommen, achten sollen, als auf die Nahrung, die in unseren Mund hineingeht.

Was wäre, wenn wir jedes Mal Strafe zahlen müssten, wenn wir schlecht über jemanden reden oder etwas Gemeines denken? Die meisten von uns hätten am Ende des Tages bestimmt keinen Pfennig mehr!

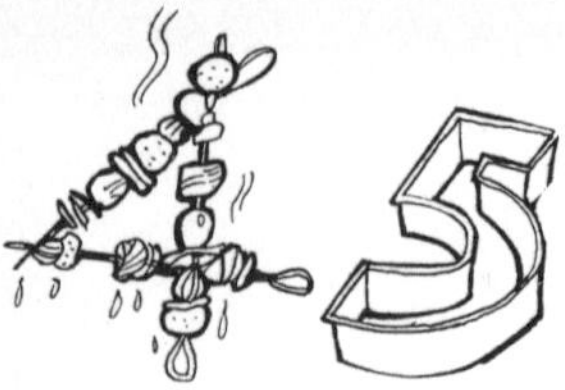

Zisch ab!

Biblischer Bezug: 1. Korinther 12,24-27

Zielgedanke: Jeder Mensch ist von Gott geliebt und wertvoll.

Material: ein Bild von einer Wespe

»Wer von euch ist schon mal von einer Wespe gestochen worden? Wer ist allergisch gegen Wespenstiche? Wer hat Angst vor Wespen? Wen stört es nicht, wenn sie um ihn herumfliegen?«

Wusstest ihr, dass es Tausende von verschiedenen Wespenarten gibt? Die kleinsten sind mikroskopisch winzig und die größte Königin ist 4 cm lang und hat eine Flügelspannweite von 8 cm. Zum Glück lebt sie im Himalaja, so dass es ziemlich unwahrscheinlich ist, dass wir ihr jemals begegnen!

»Wir wollen jetzt eine Abstimmung machen. Wenn es möglich wäre, alle Wespen von der Erde verschwinden zu lassen, wer wäre dann dafür? Ist jemand dafür, dass die Wespen dableiben sollen? Warum? Kann sich jemand vorstellen, dass Wespen zu irgendetwas gut sein könnten?«

Es ist tatsächlich so, dass Wespen eine wesentliche Rolle in unserem ökologischen System spielen. Einer ihrer Nutzen ist, dass sie wie die Bienen Blüten befruchten. Es stimmt, dass Bienen eine größere ökologische Bedeutung haben, trotzdem erfüllen auch Wespen einige wichtige Aufgaben. Nehmen wir zum Beispiel den Feigenbaum. In den Regenwäldern unserer Welt sind Feigen die bedeutendste Nahrungsquelle für Pflanzenfresser. Für jede der zahlreichen Feigensorten gibt es eine eigene

Wespenart zur Befruchtung. Der Feigenbaum und die Wespe sind völlig abhängig voneinander. Ohne die Wespen würden die Feigenbäume nicht befruchtet werden und es würden keine Früchte wachsen. Ohne die Früchte würden zahlreiche Tiere verhungern. Große Teile des Regenwald-Ökosystems würden zusammenbrechen.

Vielleicht noch bedeutender ist die Art und Weise, wie Wespen die Zahl von anderen Insekten und Spinnen kontrollieren. Der schmerzhafte Stich, den wir kennen, ist die Folge eines lähmenden Giftes, das viele Wespen benutzen. Die Wespe greift eine Spinne, eine Raupe oder eine Larve an und lähmt sie. Dann nimmt sie ihre Beute mit in ihr Nest, das kann ein Loch in einem Stück Holz oder in der Erde sein oder eine Schlammhöhle, und dort legt sie ein Ei auf der Beute ab. Wenn die Wespenlarve ausschlüpft, ernährt sie sich von dem gelähmten Insekt oder der Spinne.

Das klingt grässlich! Aber wenn die Wespen ihre Larven nicht weiterhin so mit Futter versorgen würden, würden sich andere Schädlinge explosionsartig vermehren und das Ökosystem aus dem Gleichgewicht bringen. Es könnte sein, dass die Menschen Verluste bei ihrem Getreideanbau hätten oder chemische Insektenvernichtungsmittel einsetzen müssten.

Es ist doch eine gute Sache, dass wir mit unserer Abstimmung die Wespen nicht wirklich aus der Welt vertreiben konnten. Stellt euch vor: Wir hätten damit Millionen von anderen Tieren in den Regenwäldern getötet und weltweit ganze Ökosysteme ruiniert!

Jedes Geschöpf Gottes hat seinen Platz – und jeder Mensch wird gebraucht. Das hat Paulus den Leuten in Korinth so erklärt: »Gott aber hat unseren Leib so zusammengefügt, dass unwichtig erscheinende Teile in Wirklichkeit besonders wichtig sind. Unser Leib soll eine Einheit sein, in der jedes einzelne Körperteil für das andere da ist. Leidet ein Teil des Körpers, so leiden alle anderen mit, und wird ein Teil gelobt, freuen sich auch alle anderen. An diesem Beispiel wollte ich euch erklären: Ihr alle seid der eine Leib Christi, und jeder einzelne von euch gehört als ein Teil dazu.« (1. Korinther 12,24-27)

Es kann sein, dass jemand eine echte Plage ist, aber dieser Mensch ist genauso wichtig wie alle anderen und Gott hat ihn genauso lieb wie mich. Vielleicht sollten wir an die Wespe denken, bevor wir zu so jemandem sagen: Zisch ab!

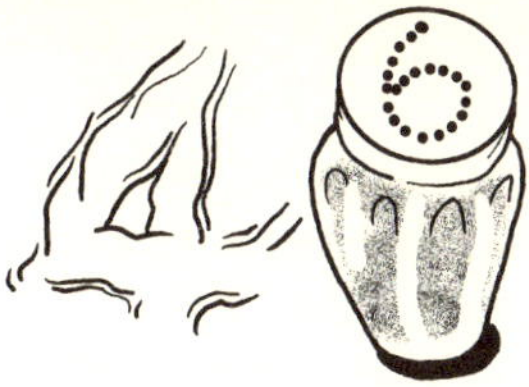

Totale Ungerechtigkeit

Biblischer Bezug: Amos 5,24

Zielgedanke: Wir Menschen sind oft ungerecht, aber Gott liebt Gerechtigkeit.

Material: ein Bild oder Comic-Heft von Superman

Du fragst die Kinder, ob sie schon mal etwas von Joe Shuster gehört haben. Das wird kaum der Fall sein. Als nächstes fragst du, wer *Superman* kennt. Dann zeigst du den *Superman*-Comic oder das Bild und erklärst: Joe Shuster war der Künstler, der *Superman* erfand.

Im Alter von 17 Jahren, als er noch zur Schule ging, tat sich Joe mit einem anderen Schüler zusammen, der Jerry Siegel hieß. Siegel liebte Science-Fiction und er konnte gut Texte schreiben. Zusammen fingen sie an, Comics für ihre Schülerzeitung zu zeichnen. Sie schickten sie auch an einige englische Tageszeitungen, aber sie wurden alle abgelehnt und nicht gedruckt.

1936 hatten die beiden endlich einen ersten Erfolg zu verzeichnen, und zwei Jahre später tauchte *Superman* zum ersten Mal in einem Comic-Heft auf.

Joe Shuster starb 1992. Nachdem Superman in zig Comicbuchserien, im Radio, im Fernsehen, in Filmserien und vier Kino-Kassenschlagern als Hauptperson aufgetreten ist, sollte man meinen, dass der Zeichner als sehr reicher Mann gestorben ist. Aber das ist er nicht.

Viele Jahre lang hatte Joe Shuster ganz arm gelebt. Er konnte nicht mehr so gut sehen und musste deshalb das Zeichnen aufgeben. Seine Frau Joanna unterstützte ihn, während er und Jerry vierzig Jahre lang gerichtlich um eine Beteiligung an den *Superman*-Profiten kämpften. Aber sie erreichten nichts.

Erst als die Warner Brothers den ersten *Superman*-Kinofilm herausbrachten, erklärte das Studio sich bereit, Siegel und Shuster jährlich 20.000 Dollar zu zahlen – also nicht einmal 40.000 Mark! Und Joe hatte nicht mehr viele Jahre um wenigstens das bisschen zu genießen.

»Ist das nicht total ungerecht?« Superman kämpfte immer für Gerechtigkeit, aber seine Erfinder behandelte man alles andere als fair.

Unfaire Behandlung, Ungerechtigkeit gibt es überall um uns herum. Manches ist noch viel schlimmer als das Beispiel, das ich euch gerade erzählt habe. (Hier kannst du etwas Aktuelles aus den Nachrichten einbringen.) Manchmal sind wir selbst daran beteiligt, vielleicht ohne es zu ahnen, zum Beispiel werden Menschen in der Dritten Welt wie Sklaven ausgebeutet, wenn sie für einen Hungerlohn Nahrung produzieren, die wir essen, oder Kleidung, die wir tragen.

Wir mögen keine Superkräfte haben, aber trotzdem können wir uns alle im Kampf gegen Ungerechtigkeit engagieren. Es gibt einen bekannten Vers in der Bibel, über den wir einmal nachdenken sollten. Der Prophet Amos, der Ungerechtigkeit hasste, sagte Folgendes: »Sorgt lieber dafür, dass jeder zu seinem Recht kommt! Recht und Gerechtigkeit sollen das Land erfüllen wie ein Strom, der nie austrocknet.« (Amos 5,24)

Teil

Verborgene Schätze

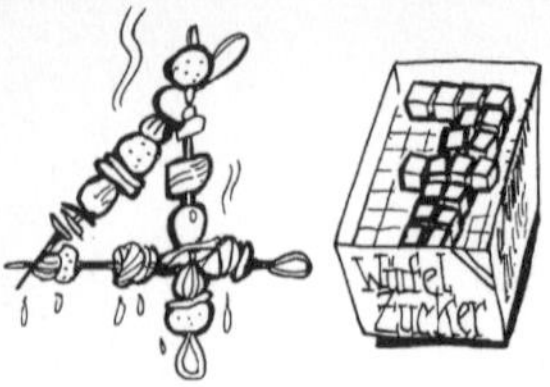

Schätze im Dunkel

Biblischer Bezug: Jesaja 45,3

Zielgedanke: Schätze aus der Natur erzählen uns von einem großzügigen Gott.

Material: einige Gegenstände, die (zum Teil) aus Kunststoff gemacht sind, z.B. Jogurtbecher, Colaflaschen, Kugelschreiber, Radio- oder Kassettengerät, ein Stück Styropor, ein Kleidungsstück aus Nylon usw.

Du breitest deine Sammlung von Gegenständen aus und überlegst zusammen mit den Kindern, welche Dinge, die sie ständig benutzen, noch aus Kunststoff bestehen.

»Wisst ihr eigentlich, wo der ganze Kunststoff herkommt?«

Die Antwort ist: Öl, Rohöl, Erdöl – oder Petroleum (Steinöl), wie es eigentlich heißt. Es ist dieses schwarze Zeug, das den Vögeln die Flügel verklebt, wenn ein Tanker ein Leck hat.

Petroleum war schon vor mehreren tausend Jahren bekannt, weil es Stellen gibt, an denen das klebrige Rohöl von selbst aus der Erde an die Oberfläche kommt. Damals wurde es verwendet, um Schiffe abzudichten und manchmal sogar, um Straßen zu bauen. Schon für diese Zwecke war es ein wertvolles Material, aber die Menschen hätten sich zu der Zeit nicht träumen lassen, was für Reichtümer noch in diesem klebrigen schwarzen Zeug verborgen lagen.

Heute ist Öl die wichtigste Energiequelle der Welt und treibt praktisch alle unsere Autos, Lastwagen und Flugzeuge an. Und nicht nur Plastik wird daraus hergestellt, sondern auch Lösungsmittel, Farben, Asphalt, Textilfasern, Seife, Reinigungsmittel, Sprengstoffe, Düngemittel und sogar Medikamente. Könnten wir uns eine Welt ohne all diese Dinge vorstellen?

Es ist Jahrhunderte her, dass der Prophet Jesaja folgende Botschaft von Gott an den persischen König Kyrus weitersagte: »Ich gebe dir verborgene Schätze und Reichtümer, die im Dunkel versteckt sind. So sollst du erkennen, dass ich der Herr bin, der dich bei deinem Namen ruft, ich, Israels Gott.« (Jesaja 45,3)

Wenn wir uns bewusst machen, für wie viele Dinge wir das Rohöl verwenden, das aus den Tiefen der Erde oder aus Quellen unter der Nordsee gefördert wird, dann scheint es so, als hätte Gott diese Worte zur gesamten Menschheit gesagt. Er hat uns verborgene Schätze gegeben und Reichtümer, die im Dunkel versteckt sind.

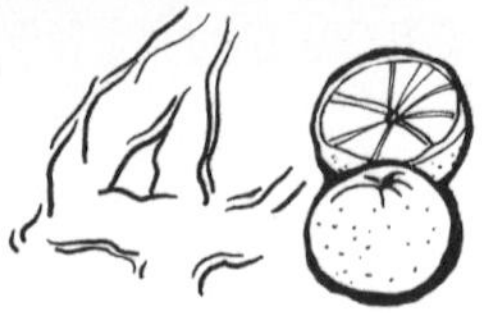

Verborgenes entdecken

Biblischer Bezug: Psalm 139,15

Zielgedanke: Es gibt verborgene Schätze in uns selbst zu entdecken.

Material: keins

Zu Beginn fasst du am besten die letzte Andacht über Rohöl und was man alles daraus machen kann noch einmal kurz zusammen.

Durch Zufall oder Forschung entdecken Menschen ständig neue Rohstoffe und Reichtümer, die nicht nur im Öl, sondern in zahllosen anderen Dingen in der Natur verborgen sind. Es werden neue Verfahren zur Behandlung, Veränderung und Verfeinerung von Stoffen entwickelt, um immer neue Materialien herzustellen.

Aber man muss kein Wissenschaftler sein, um Reichtümer zu entdecken, die im Dunkel versteckt sind. Jeder von uns hat verborgene Fertigkeiten, Gaben und Kenntnisse.

Überlegt zusammen, was jeder Einzelne in der letzten Zeit neu gelernt hat (z.B. schreiben, wie man einen Kuchen backt, wie man ein Haustier versorgt usw.).

»Hat es Spaß gemacht, diese neuen Dinge auszuprobieren? Hast du es öfter gemacht, um noch besser darin zu werden? Warst du stolz auf das, was du geleistet hast?«

Es macht das Leben spannend, zu entdecken und zu trainieren, was alles in uns drinsteckt. Die Schule hilft uns, Gaben in uns zu erkennen und uns darin zu üben. Aber auch zu Hause oder im Kindergottesdienst kann man neue Seiten an sich selbst entdecken.

Und Gott hat all das in uns hineingelegt. Er kennt das, was wir erst entdecken müssen, schon lange: »Schon als ich im Verborgenen Gestalt annahm, unsichtbar noch, kunstvoll gebildet im Leib meiner Mutter, da war ich dir dennoch nicht verborgen.« (Psalm 139,15)

Innere Schönheit

Biblischer Bezug: 1. Samuel 16,7

Zielgedanke: Der innere Wert ist wichtiger als die äußere Erscheinung.

Material: eine Schale oder ein Strauß Osterglocken (oder, falls nicht die Jahreszeit dafür ist, eine Osterglockenzwiebel); evtl. ein Spiegel

»Was ist wohl wichtiger: wie wir aussehen oder was in uns drinsteckt?«

Vielleicht kann uns ein Strauß Osterglocken etwas dazu sagen. Sie sehen sehr hübsch aus und ihre leuchtende Farbe hebt richtig unsere Laune nach den trüben Wintertagen. Nun haben Wissenschaftler herausgefunden, dass in der langweilig aussehenden Zwiebel der Osterglocke etwas steckt, was für manche Menschen viel mehr Gutes bewirken kann, als wenn sie nur die Blüten bewundern.

Die Osterglocke wird auch oft Narzisse genannt. Es gibt eine alte Geschichte über diese Blume und ihre Schönheit.

Es war einmal ein junger Mann, der Narziss hieß. Er war außerordentlich schön, und als er ein Baby war, hatte man seiner Mutter gesagt, er würde nur dann ein langes Leben führen, wenn er niemals sein Gesicht in einem Spiegel betrachtete.

Narziss liebte keinen Menschen. Das ärgerte die Götter, und so beschlossen sie ihn zu bestrafen. Eines Tages setzte sich Narziss an einen Teich, dessen Wasser ganz still und klar war. Als er hineinschaute, sah er zum ersten Mal sein eigenes Spiegelbild. Weil er sich vorher noch nie in einem Spiegel gesehen hatte, war er vollkommen überwältigt von der Schönheit des Gesichtes, das ihm da entgegenblickte, und er verliebte sich in dieses Bild.

Natürlich konnte er das Gesicht nur sehen, während er ins Wasser starrte. Immer wenn er sich wegbewegte, verlor er es aus dem Blick. Er war so verliebt in sein eigenes Spiegelbild, dass er am Ufer des Teiches sitzen blieb, bis er starb. Genau an dieser Stelle wuchs eine Blume. Sie wurde nach ihm benannt: Narzisse.

Auch heute noch werden Leute, die viel Zeit darauf verwenden, sich selbst im Spiegel zu bewundern, narzisstisch genannt.

Verglichen mit der Blüte ist die Osterglockenzwiebel ziemlich unscheinbar. Aber es steckt mehr in ihr drin, als man meint. Damit sie nicht von Tieren gefressen wird, enthält sie einen chemischen Stoff, der Übelkeit verursacht. Es klingt nicht so, als ob das für irgendetwas gut sein könnte außer für die Pflanze selbst. Aber Wissenschaftler haben herausgefunden, dass dieser chemische Stoff vielleicht Menschen helfen kann, die an der Alzheimer-Krankheit leiden.

Alzheimer ist eine sehr schlimme Gehirnerkrankung. Sie führt dazu, dass die Erkrankten ihr Gedächtnis verlieren und Schwierigkeiten beim Sprechen haben. Bis jetzt gibt es keine Heilungsmöglichkeit für Alzheimer, und die Ärzte können nur sehr wenig für jemanden tun, der daran erkrankt. Wenn die Wissenschaftler Recht haben und der Extrakt aus der Osterglockenzwiebel den Krankheitsverlauf wirklich verlangsamen kann, dann werden viele Menschen ungeheuer dankbar dafür sein.

Es ist nicht verkehrt, stolz auf unser Aussehen zu sein – solange wir nicht übertreiben wie Narziss und uns stundenlang im Spiegel bewundern! Aber wie bei der Osterglockenzwiebel ist viel wichtiger, was in jedem von uns verborgen ist – etwas, das anderen helfen kann.

»Weißt du, was in dir steckt? Womit du begabt bist, anderen zu helfen? Vielleicht ist es etwas, was du tust oder wie du mit Menschen sprichst oder wie du über manches denkst und wie du das zum Ausdruck bringst.«

In der Bibel sagt Gott es so: »Ich urteile nach anderen Maßstäben als die Menschen. Für die Menschen ist wichtig, was sie mit den Augen wahrnehmen können; ich dagegen schaue jedem Menschen ins Herz.« (1. Samuel 16,7)

Es ist »im Herzen« – in unserem tiefsten Inneren –, wo wir den Wunsch und die besondere Art finden, wie jeder von uns für die anderen da sein kann.

Heilende Kräfte

Biblischer Bezug: 5. Mose 32,39

Zielgedanke: In Gottes Schöpfung sind wunderbare Kräfte verborgen.

Material: ein paar Mehlwürmer (erhältlich in der Zoohandlung)

Wer hat schon einmal bei einem Angler eine Dose voll zappelnder Maden gesehen? Oder einen toten Vogel oder ein anderes Tier, voll von diesen abstoßenden weißen Tierchen, die das verrottende Fleisch verschlingen, bis nur noch die Knochen übrig bleiben? Oder in der Biomülltonne, wo sie einem fast entgegenspringen, wenn man den Deckel hebt?

Jetzt stellt euch einmal vor, wie diese Viecher über eure nackte Haut kriechen! Das klingt doch gruselig, oder? Aber ob ihr es glaubt oder nicht: Es könnte passieren, dass ihr eines Tages mit einer Verletzung zum Arzt geht und der euch dann sagt: »Ja, das sieht schlimm aus. Ich denke, ich verschreibe eine Dose hungrige junge Maden. Die werden die Wunde wunderbar abfressen.«

Uuuaah!

Nein, das ist kein Aprilscherz und auch keine Szene aus einem Horrorfilm. Es ist eine sehr wirksame Art, dazu beizutragen, dass eine böse Wunde schnell verheilt und eine Infektion vermieden wird. Diese Methode wird in einigen Krankenhäusern in Großbritannien und anderen Ländern bereits eingesetzt.

Der Grund dafür ist folgender: Früher war die Gefahr, dass sich nach einer Verletzung die Wunde entzündete, sehr groß. Oft war eine Amputation die einzige Möglichkeit, um zu verhindern, dass sich die Infektion im ganzen Körper ausbreitete und zum Tod führte. Dann wurde das Penizillin entdeckt und andere Antibiotika folgten. Wir sind alle in einer Welt aufgewachsen, in der eine Spritze oder eine Woche lang ein bestimmtes Medikament zur Heilung ausreicht. Deshalb hat keiner mehr richtige Angst vor einer ernsthaften Infektion.

Inzwischen ist es aber so, dass einige Bakterien gar nicht mehr auf Antibiotika reagieren. Trotz Medikamenten und Verbänden heilen manche Wunden einfach nicht. Deshalb haben Ärzte eine Behandlungsmethode für Wunden wiederentdeckt, die eingesetzt wurde, lange bevor es Antibiotika gab.

Die Maden werden aus den Eiern einer bestimmten Fliegenart gezüchtet. Sie werden sterilisiert, damit sie keine Infektionen übertragen. Je nachdem wie groß die Wunde ist, werden ein halbes Dutzend bis zu einigen hundert Maden unter einem speziellen Verband darauf gelegt. Der Patient fühlt gar nichts. Die Maden fangen an zu arbeiten, indem sie totes und krankes Gewebe aus der Wunde fressen. Normalerweise werden sie nach drei Tagen entfernt. Ärzte haben festgestellt, dass Infektionen auf diese Weise verschwinden und die Wunde schnell heilt.

Das klingt total ekelig, aber eigentlich ist es eine natürliche Art, die Heilung voranzubringen. Maden gehören zu den natürlichen Spezialisten für die Säuberung der Umwelt.

Ist das nicht phantastisch? Fliegen übertragen Krankheiten – aber ihre Larvenform, die Made, gehört zu den Mitteln der Natur, Krankheiten zu bekämpfen. Wir kennen diese wunderbaren Kräfte oft gar nicht, aber Gott hat eben geniale Ideen. Und er hat die Macht über alle Krankheiten. (Lies dazu 5. Mose 32,39.)

Verborgener Reichtum

Biblischer Bezug: Matthäus 13,44

Zielgedanke: Das Himmelreich ist ein unsichtbarer Schatz.

Material: etwas Safran; eine Blüte, an der man die Staubgefäße gut erkennen kann; evtl. eine Krokuszwiebel

»Stellt euch vor, es ist Frühling und die Krokusse blühen. Und ich zeige euch ein Feld voller weißer und lila Krokusse und sage: ›Ihr bekommt von mir diese Blumen, wenn ihr mir alles gebt, was ihr besitzt: euer Fahrrad, euren Computer, euren Walkman, alles.‹ Wer von euch würde bei diesem Tausch mitmachen?«

Und was ist, wenn in der Krokuswiese ein Schatz ist? Würde euch die Entscheidung dann leichter fallen? Ihr seht den Schatz nicht, obwohl er direkt vor euren Augen ist. Und er ist mehr wert als Gold.

Du zeigst den Kindern die Blüte: Der Schatz ist nichts anderes als diese flaumigen gelben Teilchen in der Mitte dieser Blüte, die Staubgefäße. Ihr glaubt mir nicht?

Aber es stimmt. Die Staubgefäße der Krokusse werden herausgezupft, getrocknet und als Gewürz verkauft. Es heißt Safran und ist das teuerste Gewürz der Welt. Für zehn Fäden – zehn dieser getrockneten Staubgefäße – zahlt man im Laden ungefähr 5 Mark. Wenn man das ausrechnet, kommt man auf 2500 Mark für 100 Gramm.

Safran kennt und benutzt man schon seit Tausenden von Jahren. König Salomo erwähnt ihn sogar in der Bibel.

Jesus erzählte einmal eine Geschichte über eine andere Art von Schatz: »Das Reich Gottes ist wie ein verborgener Schatz, den ein Mann auf einem Feld entdeckte und wieder verbarg. In seiner Freude verkaufte er alles, was er hatte, um den Acker zu kaufen und so den Schatz zu bekommen.« (Matthäus 13,44)

Was sagt uns Jesus mit dieser Geschichte? Was ist so wertvoll, dass es sich lohnt, alles andere dafür zu verkaufen? Warum war der Mann so glücklich über seinen Fund?

Jesus sagt uns hier, dass es eine Art zu leben gibt, die jede andere übertrifft. Diese Art zu leben nennt er das »Himmelreich« oder das »Reich Gottes«. Es gibt andere Bibelstellen, in denen er uns noch viel mehr darüber sagt, was es bedeutet, so zu leben.

Im Reich Gottes zu leben ist so viel besser als jede andere Art zu leben, dass es sich wie bei dem Schatz im Feld lohnt, alles andere dafür aufzugeben. Das heißt natürlich nicht, dass Gott von allen Menschen verlangt, alles wegzugeben, was sie haben. Aber es kann durchaus sein, dass er von uns verlangt, etwas aufzugeben, was uns daran hindert, so zu leben, wie es am besten ist.

Ihr hättet eure Sachen nicht gegen das Krokusfeld eingetauscht, weil ihr nicht wusstet, wie viel diese Blumen wert sind. Der Schatz war vor euren Augen, aber ihr habt ihn nicht erkannt.

Auch das Reich Gottes liegt vor unseren Augen und viele Menschen erkennen es nicht. Erst wenn sie herausfinden, was es wirklich wert ist, wird ihnen klar, dass es sich lohnt, alles für ein solches Leben zu geben.

52 Verborgene Ernte

Biblischer Bezug: Psalm 104,24

Zielgedanke: Die Schatzkiste der Natur hat noch mehr zu bieten.

Material: eine Handvoll Pilze; ein schimmeliges Stück Brot oder Obst

Du zeigst den Kindern die Pilze. Es gibt Tausende von Pilzsorten auf der Welt. Manche kann man essen, andere dagegen sind furchtbar giftig. Man darf *niemals* einen selbst gefundenen Pilz essen, ohne ihn vorher einem Pilzkenner zu zeigen! In Frankreich können die Leute ihre Pilze sogar zur Apotheke bringen und dort bestimmen lassen!

»Wer von euch weiß, was Penizillin ist und wofür es verwendet wird? Wenn ja, wisst ihr auch, woher es kommt?«

Penizillin stammt von dem normalen blauen oder grünen Schimmel, der sich auf verdorbenen Nahrungsmitteln bildet. Und Schimmel ist auch eine Sorte Pilz, auch wenn es gar nicht so aussieht. Das Penizillin, das aus verschimmelten Melonen gewonnen wurde, hat schon zahllosen Menschen das Leben gerettet.

Wissenschaftler beschäftigen sich heute mit über 200 Stoffen aus Pilzen, die in der Krebsbekämpfung eine Rolle spielen können. Es ist noch ein weiter Weg, bis etwas davon als zuverlässiges Medikament ohne schädliche Nebenwirkungen auf den Markt kommen kann, aber es zeigt, was für eine außerordentliche Ernte in bescheidenen Pilzen und Schimmelkulturen versteckt ist.

Ein jüdischer Liederdichter sah sich einmal in der Welt der Natur um und war erstaunt, was Gott alles geschaffen hatte. Er schrieb: »O Herr, welch unermessliche Vielfalt zeigen deine Werke! Sie alle sind Zeugen deiner Weisheit, die ganze Erde ist voll von deinen Geschöpfen.« (Psalm 104,24)

Dieser Liederdichter aus uralten Zeiten hätte sich niemals vorstellen können, welche Techniken die Wissenschaftler heute haben, um die verborgene Ernte in Pilzen und Pflanzen ans Licht zu bringen. Aber er hatte eine grundlegende Wahrheit erfasst: In seiner Weisheit hat Gott eine Welt geschaffen, in der eine unermessliche Vielfalt von Reichtümern darauf wartet, entdeckt zu werden.

Eine neugierige Frage

Biblischer Bezug: Prediger 7,11-13

Zielgedanke: Wissensdurst kann viel bewirken.

Material: eine Packung Erdnüsse

Du verteilst die Erdnüsse unter den Kindern und kündigst an, dass du ein paar erstaunliche Dinge über die Erdnuss erzählen wirst.

Man nehme ein Kind, das als Sklave auf die Welt gekommen ist, eine Erdnussplantage und eine neugierige Frage, und was kommt dabei heraus ... ein besseres Leben für Millionen von Menschen. Wie kann das sein?

Das Kind war George Washington Carver, der Sohn einer Sklavin im Süden der Vereinigten Staaten von Amerika. Die Erdnussplantage und die dumme Frage kamen erst später. Carver kam im Jahr 1860 zur Welt und verlor seine Eltern im amerikanischen Bürgerkrieg. Er interessierte sich sehr für die Natur und lernte außerdem Zeichnen, Singen und Orgelspielen. Als Jugendlicher und junger Erwachsener verdiente er seinen Lebensunterhalt mit ganz unterschiedlichen Arbeitsstellen – als Koch, Wäscher, Feldarbeiter –, während er gleichzeitig verschiedene Schulen und Hochschulen besuchte, um eine Ausbildung zu bekommen. Als er Mitte dreißig war, hatte er einen Hochschulabschluss in den naturwissenschaftlichen Fächern erlangt. Jahre später erzählte er, was er in dieser Zeit erlebte.

Als er eines Tages auf ein Feld hinauslief, fragte er Gott: »Herr Schöpfer, warum hast du dieses Universum geschaffen?«

Gott antwortete: »Kleiner Mann, diese Frage ist viel zu hoch für dich.«

»Na gut, Herr Schöpfer, warum hast du die menschliche Rasse erschaffen?«

Wieder kam die Antwort: »Kleiner Mann, selbst diese Frage ist viel zu hoch für dich.«

Carvers Blick fiel auf eine Erdnusspflanze. »Also schön, warum hast du die Erdnuss gemacht?«

Dieses Mal sagte Gott: »Kleiner Mann, diese Frage entspricht fast genau deiner Größe. Hör mir zu und ich will es dir sagen.«

Und George Washington Carver hörte genau zu. Seine Frage hörte sich vielleicht dumm an, aber die Antwort war alles andere als dumm. Er bekam in einem landwirtschaftlichen Institut eine Stelle als Leiter eines Labors, wo er an die 300 Produkte entwickelte, die aus Erdnüssen hergestellt wurden. Das waren so unterschiedliche und erstaunliche Dinge wie: Käse, Milch, Kaffee, Mehl, Tinte, Farbstoffe, Kunststoffe, Seife, Bodenbeläge, medizinische Öle und Kosmetik. Er nannte Gott oft seinen Mitarbeiter im Labor.

»Herr Schöpfer, warum hast du die Erdnuss gemacht?« Wie viele Millionen solcher Fragen warten nur darauf, von jemandem gestellt zu werden? Hast du in letzter Zeit irgendwelche neugierigen Fragen gestellt? Schon in der Bibel steht, dass es sich lohnt, etwas dazuzulernen: »Wissen und Erfahrung sind ebenso viel wert wie Besitz, ja, sie werfen sogar noch Gewinn ab. Sie geben genauso viel Sicherheit wie das Geld, und sie bringen noch mehr: sie erhalten ihren Besitzer am Leben. Aber vergiss nicht, dass es bei allem auf Gottes Tun ankommt. Wer kann geradebiegen, was er krumm gemacht hat?« (Prediger 7,11-13)

Das Erdnussrezept

Biblischer Bezug: Philipper 1,12-13

Zielgedanke: Auch in schlechten Zeiten gibt es Hoffnung.

Material: einige ungeschälte Erdnüsse; eine Packung geröstete Erdnüsse

Wer einen nahrhaften Snack sucht, kann kaum etwas Besseres finden als Erdnüsse. Sie enthalten mehr Proteine, Mineralstoffe und Vitamine als Leber, mehr Fett als Sahne und mehr Kohlenhydrate als Zucker. Sie sind auch genau das Richtige, wenn man sich miserabel fühlt, weil etwas schief gegangen ist. Den Grund dafür werden wir gleich erfahren.

Erdnüsse sind eigentlich gar keine Nüsse. Sie haben eher Ähnlichkeit mit Erbsen. Sie wachsen auf die merkwürdigste Art. Nachdem die Blüten an dem kleinen Erdnussstrauch abgeblüht sind, wächst ein Stiel aus jeder Blüte – man nennt ihn Fruchtstiel –, krümmt sich und drückt sich bis in die Erde hinein. Bis zu 10 cm unter der Erdoberfläche entwickelt sich nun langsam eine Hülse an der Spitze des Fruchtstiels – das ist die Erdnussschale – und die Samen darin werden größer. Um die Erdnüsse zu ernten, wird die ganze Pflanze aus dem Boden gezogen und zum Trocknen in die Sonne gelegt. (Du schüttest die ungeschälten Erdnüsse auf einen Teller.)

Es gibt eine seltsame Geschichte über Erdnüsse, die aus Enterprise in Alabama stammt. Diese amerikanische Stadt ist das

Zentrum eines Erdnussanbaugebiets. Mitten in der Stadt ist ein einzigartiges Denkmal in der Form eines Käfers zu sehen. Es ist vermutlich das einzige Denkmal auf der ganzen Welt, das zu Ehren eines Käfers errichtet wurde! In diesem Gebiet wurde ursprünglich Baumwolle angepflanzt, aber 1915 wurde ein Großteil der Pflanzen von einem kleinen Käfer, dem mexikanischen Baumwollkapselkäfer zerstört. Mehr als die Hälfte der Baumwollernte ging verloren. In ihrer Not suchten die Baumwollpflanzer nach anderen Anbaumöglichkeiten – und waren überrascht, wie viel sie mit Erdnüssen verdienen konnten. 1917 bauten sie mehr Erdnüsse an als jeder andere Bezirk in Amerika. Sie waren so dankbar über diese Entwicklung, dass sie 1919 das Käferdenkmal errichteten und folgende Worte darauf schrieben: »In tief empfundener Anerkennung des Baumwollkapselkäfers und dessen, was er als Vorbote des Wohlstands vollbracht hat.« Was zunächst wie eine Katastrophe aussieht, kann vielleicht ein Anlass sein, unser Handeln zu überdenken, etwas Neues auszuprobieren, uns auf das Wesentliche zu besinnen.

Dies ist eine Wahrheit, die die Christen schon lange kennen. Es gibt zum Beispiel eine Geschichte in der Bibel, wie Paulus als Gefangener nach Rom gebracht wurde, um vor das Gericht des Kaisers gestellt zu werden. Als er in Rom ankam, wurde ihm erlaubt, in einer eigenen Wohnung zu leben, dafür war er aber 24 Stunden am Tag an einen römischen Wachmann angekettet. Das hört sich ziemlich schrecklich an. Aber Paulus sah die gute Seite daran. In einem seiner Briefe schrieb er: »Ihr sollt wissen, Brüder und Schwestern, dass meine Gefangenschaft sogar zur Verbreitung der Guten Nachricht beigetragen hat. Die Beamten am Sitz des Statthalters und alle, die meinen Prozess verfolgt haben, wissen jetzt, dass ich angeklagt bin, weil ich Christus diene.« (Philipper 1,12-13)

Weil verschiedene Soldaten abwechselnd verpflichtet waren, Paulus an sich zu ketten, hatten sie keine große Wahl als ihm zuzuhören. Die gesamten kaiserlichen Elitetruppen, die Palastwachen bekamen auf diese Weise die Nachricht von Jesus zu hören! Das war Glück im Unglück für Paulus, der ja genau das tun wollte: den Menschen die frohe Botschaft von Jesus bringen! Statt sich über das Gefangensein zu beklagen, rief er die Menschen in seinen Briefen immer wieder zur Dankbarkeit auf.

Wenn also das nächste Mal etwas schief geht und ihr euch miserabel fühlt, dann esst einfach ein paar Erdnüsse und denkt an Paulus' Rezept fürs Glücklichsein: Dankt Gott und bittet ihn, euch zu zeigen, was für ein Glück ihr im Unglück finden könnt!

Ein verborgenes Juwel

Biblischer Bezug: Psalm 119,36

Zielgedanke: Die Bibel kann uns etwas geben, das kein Geld der Welt aufwiegen kann.

Material: eine alte schwarze Bibel; eine neuere Bibelausgabe mit buntem Einband

Was würdet ihr tun, wenn ihr plötzlich herausfinden würdet, dass ihr einen Schatz im Wert von über 10 Milliarden Mark besitzt? So etwas ist einem Mann in Indien vor ein paar Jahren wirklich passiert – aber 18 Monate später hatte er noch keinen Pfennig davon ausgegeben! Herr Vidyaraj lebte tatsächlich noch immer in seinem alten Haus, für das er 10 Mark Miete monatlich zahlte. Das gesamte Geld, das er besaß, waren die paar Scheine, die ihm sein Sohn jeden Monat aus Amerika schickte.

Der Schatz von Herrn Vidyaraj bestand aus Juwelen: drei der größten Rubine der Welt (der größte wiegt 495 Gramm!) und dem größten Saphir einer ganz besonderen Sorte. Sie waren schon Jahrzehnte lang im Familienbesitz gewesen, aber sie waren so rußgeschwärzt, dass keiner wusste, was sie eigentlich darstellten. Sie sahen einfach wie merkwürdig geformte Kohleklumpen aus.

Eines Tages wollte der Mann nun wissen, was es mit diesen Klumpen auf sich hatte, und er schickte seine Familie ins Kino, um allein zu sein. Als er kräftig mit heißem Wasser und einer alten Zahnbürste zu Werke ging, wurden allmählich rote und blaue Stellen unter dem Schmutz sichtbar – und er entdeckte, dass es Juwelen waren.

Wie wäre es denn, wenn ihr ein solches Juwel zu Hause hättet? Das klingt ziemlich unwahrscheinlich, oder? Aber was ist hiermit? (Du zeigst den Kindern die schwarze Bibel.) Vielleicht habt ihr so eine irgendwo im Regal stehen, vielleicht wird sie sogar von Generation zu Generation weitergereicht. Vielleicht ist euch noch nie der Gedanke gekommen, dass etwas sehr Wertvolles zwischen den schwarzen Deckeln stecken könnte.

Natürlich ist es schön, wenn das Äußere bunt gestaltet ist. (Du zeigst die andere Bibelausgabe.) Und es ist auch eine große Hilfe, wenn die Sprache einem vertraut ist. Es gibt Menschen, die davon überzeugt sind, dass der Inhalt dieses Buches wertvoll ist – so wertvoll, dass sie ihr ganzes Leben damit verbringen, es in ihre eigene Alltagssprache zu übersetzen.

Herr Vidyaraj war sich nicht sicher, ob er seine Edelsteine verkaufen sollte. Ich könnte das Geld wirklich gut gebrauchen, sagte er sich. Aber so viele Leute wären dann hinter mir her – Verwandte, Freunde, der Steuereinzieher, Diebe – und mein Seelenfrieden wäre dahin.

Wisst ihr was? Genau das ist ein Teil des Schatzes, den die Bibel verspricht: Seelenfrieden. Viele Menschen würden alles dafür geben.

10 Milliarden oder den Seelenfrieden? Was für eine Wahl! Zum Glück müssen die meisten von uns nicht so eine schwierige Entscheidung treffen. Wir haben keine seltsam geformten Kohlestücke im Regal. Aber die meisten von uns haben eine Bibel, und sie ist der beste Schatz, den wir haben können. Und zusammen mit dem Psalmdichter können wir Gott bitten: »Gib mir Liebe zu deinem Wort und lass nicht zu, dass ich habgierig werde!« (Psalm 119,36)

Wertvoller als Gold!

Biblischer Bezug: Sprüche 2,1-5

Zielgedanke: Weisheit ist ein echter Schatz, nach dem sich die Suche lohnt.

Material: eine selbst gebastelte Nachbildung des unten abgebildeten ägyptischen Diadems; ersatzweise eine Kopie der Zeichnung auf Folie für den Overheadprojektor oder auf Papier

Wenn du ein Diadem gebastelt hast, setzt du es einem Mädchen auf und stellst dieses den anderen als Königin Mentuhotep vor, die erhabene Gemahlin eines ägyptischen Königs.

Königin Mentuhotep lebte vor ungefähr 3500 Jahren in der Stadt Theben. (Das war etwa ein Jahrhundert, bevor Mose die Israeliten aus der Sklaverei in Ägypten führte.) Als sie starb, wurde ihr Körper einbalsamiert. Dieses Diadem aus Gold und

Silber mit den zwei Kobraköpfen wurde auf ihren eingewickelten Kopf gesetzt (ggfs. Folie zeigen). Dann wurde sie in ein Grab in der Nähe des berühmten Tals der Könige gelegt.

Viele, viele Jahrhunderte geschah nichts – bis zum Jahr 1995, als zwei Brüder ein paar Sachen verkaufen wollten, die ihren Großeltern gehört hatten. Rein zufällig sah ein Mann, der auf das alte Ägypten spezialisiert war, die Krone in den Verkaufsräumen. Er erkannte die Ähnlichkeit zu einer anderen Krone, die sich in einem Museum in den Niederlanden befand und bislang die einzige ihrer Art und Zeit gewesen war.

Die Brüder waren verblüfft. Sie wussten, dass ihre Großeltern Kunsthistoriker gewesen waren, aber sie hatten keine Ahnung gehabt, dass dieses schwarz angelaufene Metallband etwas Besonderes war. Ihre ganze Kindheit über hatte ein unbezahlbarer Schatz aus Gold und Silber bei ihnen in einer Vitrine im Wohnzimmer gelegen. Sie hatten ihm nicht mehr Beachtung geschenkt, als wenn es ein Andenken aus dem Freizeitpark gewesen wäre!

Es kommt immer wieder vor, dass Leute etwas Altes besitzen, was sich eines Tages als wertvolle Antiquität herausstellt. Wer von uns würde nicht gern einmal einen solchen Schatz bei sich finden?

Eine andere königliche Persönlichkeit – ein König diesmal, keine Königin – war fest davon überzeugt, dass ein bestimmter Schatz auf jeden wartet, der bereit ist wirklich danach zu suchen. Der Name dieses Königs war Salomo. König Salomo besaß eine Menge Gold und Silber, aber er wusste, dass es etwas noch Wertvolleres gibt. Folgenden Rat gab er jungen Menschen: »Mein Sohn, achte auf das, was ich dir sage! Verwahre meine Anweisungen wie einen Schatz. Höre gut zu, wenn ich dir Weisheit vermittle, und bemühe dich alles zu verstehen! Rufe Verstand und Einsicht zu Hilfe! Suche nach der Weisheit wie nach Silber, wie nach vergrabenen Schätzen. Dann wirst du auch lernen, Gott zu erkennen und ihn, den Herrn, ernst zu nehmen.« (Sprüche 2,1-5)

Weisheit? Einsicht? Den Herrn ernst nehmen? Gott erkennen? Manche Menschen würden da vielleicht sagen: »Pah! Das ist doch verstaubtes Zeug, das vielleicht meine Großeltern interessiert. Mir kann das doch nicht viel nützen!«

Vielleicht gibt es nur eine Hand voll Menschen, die denken, dass es sich lohnt, König Salomos Rat zu folgen. Nur ein paar, die nach Weisheit suchen wollen wie nach Silber oder der Einsicht nachjagen wie einem verborgenen Schatz. Sie könnten diejenigen sein, die den echten Schatz finden.

Teil

Wahre Geschichten

57 Ein Wohlklang vor dir

Biblischer Bezug: Markus 7,31-37

Zielgedanke: Gott kann gesund machen.

Material: eine Tafel Schokolade

Für einen Einstieg, der dir die Aufmerksamkeit sichert, solltest du ein Kind nach vorne bitten, das sich eine Tafel Schokolade verdienen möchte. Ein Mitarbeiter hält dem Kind nun fest die Ohren zu und sagt dann in normaler Lautstärke etwas zu ihm wie: »Ich gebe dir diese Tafel Schokolade, wenn du mir sagst, wie der Bundeskanzler heißt.« Lass die Verwirrung des Kindes für einen Moment andauern, bevor es die Möglichkeit bekommt zu hören, wie die anderen Kinder die Antwort rufen. Dann gibst du ihm die Schokolade und dann sprecht alle darüber, was für Schwierigkeiten ein tauber Mensch hat.

Als nächstes lässt du ein Kind Markus 7,31-37 vorlesen, wo berichtet wird, wie Jesus einen Taubstummen heilt. Danach erzählst du die Geschichte von Catherine, die sie selbst aufschrieb, als sie achtzehn war:

»Bis ich neun Jahre alt war, war ich fast taub auf beiden Ohren. Das war sehr schwierig für mich, vor allem in der Schule. Der Lärm im Klassenzimmer machte es extrem schwer etwas zu hören und zu verstehen. Als Kind sang ich sehr gern, aber wegen meiner Taubheit war ich völlig unfähig, Melodien zu hören oder sie richtig nachzusingen. Zahllose Arztbesuche konnten mein Hörvermögen nicht verbessern.

Ich ging regelmäßig mit meinen Eltern in die Kirche. Eines Sonntags fand ein Heilungsgottesdienst statt. Obwohl meine Eltern die Geschichten aus der Bibel kannten, in denen Jesus

Menschen heilte, waren sie noch nie auf die Idee gekommen, für mich beten zu lassen.

Als die Menschen in der Kirche nach vorn gingen, damit für sie gebetet wurde, spielte die Musikgruppe. Sie fingen an, ein Lied zu singen, wo es am Schluss heißt: ›Lass mich, Herr, ein Wohlklang sein vor dir.‹ Meine Eltern sahen einander an und fragten sich, ob sie mich nach vorne bringen sollten. Zur gleichen Zeit blätterte mein elf Jahre alter Bruder in seiner Bibel herum und sagte plötzlich: ›He, seht mal!‹

Seine Bibel hatte sich an der Stelle geöffnet, wo die Geschichte steht, wie Jesus einen Tauben heilt. Das gab den letzten Ausschlag. Wir gingen in den vorderen Teil der Kirche und jemand bat Gott darum, meine Taubheit zu heilen.

Später an diesem Tag spielte ich bei uns im Hinterzimmer. Meine Eltern unterhielten sich in der Küche und erwähnten meinen Namen. Ich sprang auf und rannte hin, um zu fragen, warum sie über mich sprachen. Es war unmöglich, dass ich sie bei meinem Taubheitsgrad hätte hören können. Meine Eltern begannen sich zu wundern.

Am nächsten Morgen wachte ich von allein auf und war sofort verärgert darüber, dass man mich im Bett gelassen hatte. Ich ging zu meinen Eltern, um sie auszuschimpfen, weil sie vergessen hatten, mich zu wecken, aber sie waren noch im Bett. Es war noch lange vor der Zeit, zu der wir normalerweise aufstanden. Es war der Gesang der Vögel gewesen, der mich geweckt hatte. Sie sangen nicht lauter als sonst, aber es war einfach das erste Mal in meinem Leben, dass ich sie hören konnte.

Seit damals haben alle Hörtests mir ein völlig intaktes Hörvermögen auf beiden Ohren bescheinigt. Das Singen macht mir nicht nur Spaß, sondern ich habe auch eine Begabung dafür. Ich singe jetzt sogar im Anbetungsteam im Gottesdienst am Sonntagmorgen mit. Ich kann mir keine bessere Art vorstellen, wie ich meine Begabung nützen könnte, als den Herrn zu loben und ihm für meine Heilung zu danken!«

Zwei Wunder

Biblischer Bezug: Jesaja 25,1

Zielgedanke: Gott hat viele Möglichkeiten zu handeln.

Material: keins

»Wisst ihr, was Legasthenie ist?« Der Begriff Legasthenie bedeutet Lese-Rechtschreib-Schwäche. Kinder, die daran leiden, hängen in der Schule oft hinterher und haben viele Schwierigkeiten. Sie sind leicht frustriert, weil sie beim Schreiben Fehler machen, die anderen Kinder nicht passieren. Und das, obwohl sie genau so klug sind wie die anderen!

Erzähle dann von dem englischen Jungen Pat Carlin und den bemerkenswerten Erfahrungen, die er in seinem Leben gemacht hat.

Pat kam mit einem so genannten »offenen Rücken«, einer Fehlbildung der Wirbelsäule, auf die Welt. Die Ärzte sagten, er würde nie ohne Stützen oder Krücken laufen können. Nach gründlichen Überlegungen beschlossen sie gemeinsam mit den Eltern, an dem kleinen Pat eine andere, noch nicht erprobte Operation durchzuführen.

Alle sechs Monate musste Pat zur Überprüfung wieder ins Krankenhaus gebracht werden. Die Operation war offensichtlich ein Erfolg, denn Pat war in seiner körperlichen Entwicklung seiner Altersgruppe sogar voraus. Er war das erste Kind mit offenem Rücken, das ganz normal laufen konnte, ohne Krücken oder andere Gehhilfen.

Ein Wermutstropfen war allerdings, dass Pat sich mit dem

Lesenlernen schwer tat. Als er die Grundschule verließ, konnte er gerade so gut lesen wie sonst ein Erstklässler. Auf der weiterführenden Schule wurde er als Legastheniker erkannt und in einen Sonderunterricht geschickt.

Als er zwölf war, fing Pat an, in die Kirche zu gehen – nicht, weil er religiös gewesen wäre, sondern weil er in dem Knabenchor mitsang. Seiner Meinung nach hatten die Leute dort nicht mehr alle Tassen im Schrank, weil sie diese Geschichten von Gott wirklich glaubten.

Aber irgendwann fing er an zu überlegen, ob nicht doch etwas am Glauben dran sein könnte. Eines Abends, er war inzwischen siebzehn, betete er im Bett: »Gott, wenn es dich wirklich gibt, dann zeig dich.«

Und er erzählt, was dann geschah: »Ich fühlte ein Kribbeln am ganzen Körper. Die Atmosphäre im Zimmer veränderte sich. Ich fühlte die Gegenwart Gottes.«

Ein paar Jahre später fing Pat an, einige große christliche Konferenzen zu besuchen. Er hörte von Menschen, die von verschiedenen Krankheiten geheilt worden waren, und fragte sich, ob er vielleicht von der Legasthenie geheilt werden könnte. Es war im Herbst, als er zu einem besonderen Heilungsgottesdienst in seiner örtlichen Gemeinde ging. Es sollte ein bemerkenswerter Abend für ihn werden.

Der Gastprediger betete für einige Menschen. Er kam gerade zum Schluss, da sagte er plötzlich: »Gibt es hier jemanden mit Leseschwäche?« Pat rannte förmlich nach vorne. Er erzählt:

»Der Prediger fing an für mich zu beten. Ich betete auch, aber er sagte: ›Sei still und lass dich einfach beschenken.‹ Dann öffnete er eine Bibel mitten im Alten Testament, gab sie mir und sagte: ›Lies das.‹

Ich war vollkommen überwältigt, denn ich konnte den Text lesen und frei heraus sprechen, ohne darüber nachzudenken. Der Prediger sagte: ›Langsam, du liest viel zu schnell!‹

Ich habe seither nie wieder ein Problem mit dem Lesen gehabt.«

Pat arbeitet jetzt für eine Maschinenbaugesellschaft. Am Sonntag spielt er Gitarre und gehört zum Anbetungsteam in der Gemeinde. Wenn man ihn am Arbeitsplatz oder in der Gemeinde sieht, würde man nie vermuten, dass er einmal schwerkrank war.

Gott hat viele Möglichkeiten zu handeln – so kann er z.B. durch Ärzte heilen, aber auch durch ein Wunder. Und wir verstehen oft gar nicht, warum etwas geschieht, aber wir können es dankbar annehmen: »Herr, du bist mein Gott! Dich will ich preisen und deinen Namen rühmen; denn du hast Wunder vollbracht, die du seit langem beschlossen hattest. Was du planst, das führst du auch aus; auf dich ist immer Verlass!« (Jesaja 25,1)

59 Die Kraftquelle

Biblischer Bezug: Psalm 138,3

Zielgedanke: Gott gibt uns Kraft, wenn wir Leid und Schmerzen ertragen müssen.

Material: keins

»Wie würdet ihr euch fühlen, wenn ihr wüsstet, dass ihr den Rest eures Lebens im Rollstuhl verbringen müsst?« Wenn ihr ständig Schmerzen hättet, und ihr wüsstet, dass sie auch nicht nachlassen, sondern eher schlimmer werden?

Einer der vielen Menschen, die sich mit solchen Fragen auseinandersetzen müssen, ist Allan Tibble. Allan arbeitete schon sieben Jahre als Bergmann in einem Kohlegebiet, als ein Unfall geschah. Er befand sich unter Tage in einem Stollen, als sein Zug anhielt und eine nachfolgende Lokomotive auf den hinteren Wagen des stehenden Zuges auffuhr. Allan erlitt eine schwere Verletzung am Rücken, wobei Rückgrat, Nerven und Muskeln beschädigt wurden.

Nach vier Krankenhausaufenthalten schaffte er es, am Stock zu laufen. Aber die Ärzte sagten ihm, dass sich die Wirkung der Verletzung ständig verschlimmern würde. Sie hatten Recht. Wenige Jahre später benötigte Allan einen Rollstuhl, um sich fortzubewegen. Er hatte ständige Schmerzen. Manchmal waren sie so schlimm, dass er tagelang nicht aus dem Haus konnte.

In seiner Kindheit war Allan immer in die Kirche gegangen,

aber als Teenager hatte er sich nicht mehr dafür interessiert. Als er seine zukünftige Frau Christine kennen lernte, fing er wieder an, in die Kirche zu gehen. Er glaubte irgendwie an Gott, nicht als Person, sondern eher als etwas Unbekanntes, als überirdische Kraft, als beherrschendes Prinzip. Christ sein bedeutete für ihn einfach, niemandem zu schaden und möglichst etwas Gutes zu tun. Die Kirche war so eine Art Club, wo man nette Leute treffen konnte. Allan fing an, in der Jungschar mitzuarbeiten.

Aber die Schmerzen in seinem Rücken wurden ständig schlimmer und er begann Gott anzuklagen. »Warum ich? Ich habe das nicht verdient. Andere Menschen haben viel schlimmere Dinge getan als ich.«

Er wurde wütend auf Gott, von dem er nicht mal mehr sicher war, ob er wirklich existierte.

Nach und nach erkannte Allan, dass es sinnlos war, Gott oder irgendjemand sonst anzuklagen. Stattdessen fing er an, Gott um Hilfe zu bitten. Er ging einige Male in Gottesdienste, wo Leute für seine Heilung beteten, aber nichts geschah.

Allan erzählt, wie es zu einer Veränderung in seinem Leben kam: »Die große Wende geschah eines Nachts. Und Gott allein bewirkte sie.

Mir ging es wirklich schlecht in dieser Nacht und ich betete: ›Bitte, Gott, nimm mir diese Schmerzen.‹ Ich machte Versprechungen, von denen ich wusste, dass ich sie wahrscheinlich nicht halten konnte. Dann kam mir einfach der Gedanke, dass ich darum bitten sollte, die Schmerzen ertragen, akzeptieren und damit umgehen zu können und nicht darum, dass sie verschwanden.«

Als Allan seine Situation auf diese Weise an Gott abgab, wurde sein Gebet sofort beantwortet. Er fühlte eine Art Wärme am ganzen Körper. Die beste Beschreibung, die ihm dafür einfiel, war, dass es wie im Physiotherapiebecken im Krankenhaus war – wo man von allen Seiten umgeben und gestützt wird. Es war eine sanfte, beruhigende Wärme. Die Schmerzen schienen gar nicht mehr so wichtig zu sein.

Zum ersten Mal wurde ihm völlig bewusst, dass Gott persönlich ist, wirklich, lebendig – nicht eine Kraft oder eine Sache. »Von da an«, erzählt Allan, »war er ein Freund. Und Freunde können einem helfen, vor allem ein Freund mit einer solchen Macht.«

Allan sitzt noch immer im Rollstuhl. Tausende von Kindern, die er in seiner Heimatstadt in der Schule besucht hat, kennen ihn. Er kann nicht laufen, aber das hält ihn nicht davon ab, anderen die große Freude zu zeigen, die er im Inneren besitzt und die ihm Gott schenkt. Er hat dasselbe erlebt wie David, als er Gott um Hilfe bat: »Als ich zu dir um Hilfe schrie, hast du mich erhört und mir neue Kraft geschenkt.« (Psalm 138,3)

Allan ist davon überzeugt, dass er in seinem Rollstuhl eine wichtige Botschaft an die Menschen vermittelt, nämlich dass das Leiden die Freude nicht aufhalten kann. Er glaubt fest daran, dass alles gut wird, wenn wir es an Gott abgeben. Wie schlecht es uns auch gehen mag, wir können nicht ganz verzweifeln. Allan ist sich gewiss, dass er eines Tages wieder laufen wird – vielleicht hier auf der Erde oder vielleicht im Himmel, es ist gar nicht so wichtig, wo das sein wird. Aber, so sagt er selbst: »Ich weiß, dass ich eines Tages neben Jesus hergehen werde. Er wird nicht meinen Rollstuhl schieben – nein, ich werde laufen!«

60 Andrews letzte Worte

Biblischer Bezug: Matthäus 18,2-4

Zielgedanke: Kindliches Vertrauen ist wichtig.

Material: keins

Es ist immer sehr schlimm, wenn ein Kind stirbt. Es gibt nichts, was der Familie die Trauer abnehmen könnte. Gedanken und Fragen wie »Warum?« und »Wo war Gott?« tauchen unweigerlich auf.

So war es auch, als der achtjährige Andrew Pickering starb, genau wie beim Tod jedes anderen Kindes. Allerdings waren Andrews letzte Worte so merkwürdig, dass sie in die Schlagzeilen kamen und um die ganze Welt gingen.

Andrew war ein wunderbarer Junge, er war freundlich und mutig. Er nahm das Leben ernst und fand trotzdem immer etwas zu lachen. Zu den Dingen in seinem Leben, die er am meisten liebte, gehörten Busse. In Nottingham in England, wo er lebte, kannte er alle Busse und konnte sie am Motorengeräusch voneinander unterscheiden. Nach seinem Tod wurde zu seiner Ehre ein besonderer Bus nach ihm benannt.

Im Jahr 1994 starb Andrew kurz vor Ostern nach einem langen Kampf gegen Leukämie. Seine letzten Stunden verbrachte er zu Hause bei seinen Eltern in einem ständigen Wechsel zwischen Bewusstlosigkeit und Bewusstsein. Er hatte keine Schmerzen und machte einen entspannten und glücklichen Eindruck. Einmal sprach er davon, er sei in einem Schneesturm. Ein anderes Mal machte er Geräusche, als erlebte er gerade eine tolle Achterbahnfahrt.

Schließlich konzentrierte er sich und sprach ein letztes Mal mit seinem Vater. Seine Worte haben viele Menschen sehr beeindruckt. Er sagte: »Gib nicht Jesus die Schuld, Papa. Er kann nichts dafür.«

Die Menschen geben oft Jesus oder Gott die Schuld, wenn etwas Schlimmes passiert. Sie sagen dann zum Beispiel: »Warum hat Gott das zugelassen?« Oder: »Wenn Gott wirklich allmächtig ist, warum hat er das dann nicht verhindert?«

Ist Andrew Jesus begegnet, als er im Sterben lag? Sind seine letzten Worte eine Botschaft an die Welt? Wir wissen es nicht. Aber Jesus hat einmal gesagt, dass alle Menschen wie Kinder sein sollen, weil sie Gott einfach vertrauen. So wie Andrew ihm vertraut hat.

»Jesus rief ein kleines Kind, stellte es in ihre Mitte und sprach: ›Das will ich euch sagen: Wenn ihr euch nicht ändert und so werdet wie die Kinder, kommt ihr nie in das Reich Gottes. Wer aber so klein und demütig sein kann wie ein Kind, der ist der Größte in Gottes Reich.‹« (Matthäus 18,2-4)

Teil

Advent und Weihnachten

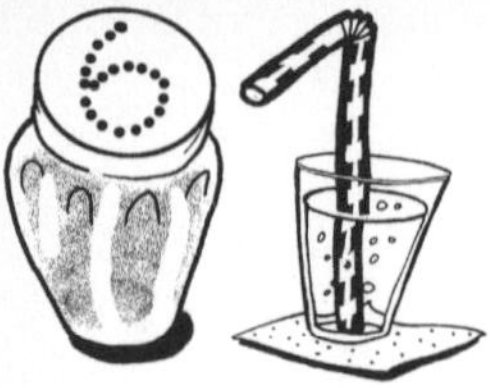

Vorbereitungen für ein Baby

Biblischer Bezug: Matthäus 1,1; Micha 5,1; Lukas 1,76; 2,1

Zielgedanke: Gott bereitete die Ankunft Jesu sorgfältig vor.

Material: keins

»Welche Vorbereitungen sind wohl nötig, wenn man ein Baby erwartet?« (Ideal ist es natürlich, wenn du eine werdende Mutter kennst, die bereit ist, Fragen rund um Planungen, Einkäufe, Einrichtung eines Zimmers usw. zu beantworten.) Vielleicht haben manche Kinder auch jüngere Geschwister und können so aus ihrer Familie berichten.

Der Advent ist die Zeit vor Weihnachten, in der wir besonders darüber nachdenken, dass Jesus als Baby in diese Welt gekommen ist. Was hat Gott für Jesus geplant? Hier ist einiges, was er vorbereitet hat:

- *Die richtige Familie.* In Matthäus 1,1 erfahren wir, dass Jesus »Davids Nachkomme« war. David war der bedeutendste von allen Königen Israels. Seit vielen Jahren warteten die Menschen auf eine ganz besondere Person, den Messias. Sie wussten, dass er aus Davids Familie stammen würde.
- *Das richtige Volk.* Jesus war auch »Abrahams Nachkomme« (Matthäus 1,1). Das jüdische Volk nannte sich selbst »Söhne Abrahams«. Es war ein Volk, das eine lange Geschichte mit Gott besaß. Es kannte seine Wege und freute sich auf den kommenden Messias.

- *Der richtige Ort.* 700 Jahre, bevor Jesus geboren wurde, sagte der Prophet Micha voraus, dass der Messias aus Bethlehem stammen würde (Micha 5,1). Bethlehem war König Davids Heimatstadt.
- *Der richtige Vorbote*, um den Menschen anzukündigen, dass er unterwegs war. Das war der Cousin von Jesus, Johannes der Täufer (Lukas 1,76).
- *Zeugen:* die Hirten und die Weisen. Sie sahen, wo Jesus geboren wurde und konnten von den wunderbaren Ereignissen erzählen, die sie dorthin führten.
- *Die richtige Zeit.* Zu der Zeit, als Jesus geboren wurde, »befahl der Kaiser Augustus, dass alle Bewohner des römischen Reiches namentlich in Listen erfasst werden sollten« (Lukas 2,1). Neuigkeiten breiteten sich im Römischen Weltreich mit seinen guten Straßen und den zahlreichen Reisenden schnell aus. Es waren ideale Voraussetzungen für eine schnelle und weite Verbreitung der christlichen Botschaft.

Diese Vorbereitungen nahmen eine lange Zeit in Anspruch. Davids Königsherrschaft lag 1000 Jahre zurück, als Jesus geboren wurde. Für das jüdische Volk musste es so scheinen, als würde der Messias niemals kommen. Neun Monate sind eine lange Zeit für eine Mutter, die auf ihr Baby wartet. Aber es ist eine aufregende Zeit, genau wie die letzten Wochen vor Weihnachten. Es war eine lange Wartezeit bis zur Ankunft des Messias, aber es war aufregend für alle, die ihn erkannten, als er schließlich kam.

Weihnachtsglaube 1 – G steht für »Gott ist unser Vater«

Dies ist die erste aus einer Serie von sechs Andachten, in denen die Bedeutung von »Glauben« vor dem Hintergrund von Weihnachten beleuchtet wird. Sie beziehen sich auf Sätze, die aus den Buchstaben des Wortes GLAUBE gebildet werden, wobei die letzte Andacht gleichzeitig alles zusammenfasst und die Kinder einlädt, eine Antwort darauf zu geben.

Biblischer Bezug: Johannes 11,17-45

Zielgedanke: Wir glauben an eine Person – an Gott, unseren Vater.

Material: sechs Schachteln, die weihnachtlich verpackt sind und auf denen jeweils ein Buchstabe aus dem Wort GLAUBE aufgeklebt ist

»Was ist eigentlich Glaube?« Du zeigst die Weihnachtspäckchen mit den Buchstaben darauf.

Für Christen ist Glaube immer mit einer Person verbunden, es ist der Glaube an jemanden. Dieser Jemand ist Gott. Jesus sprach immer von Gott als seinem Vater, deshalb steht das G auf dem ersten Päckchen für »Gott ist unser Vater«.

Jesus hatte auch einen irdischen Vater: Josef. Er war sicher ein guter Mann, aber selbst der beste irdische Vater kann uns enttäuschen. Jesus wusste, dass ihn sein himmlischer Vater niemals enttäuschen würde.

»Es gibt eine Geschichte, an der wir besonders gut sehen können, wie Jesus an seinen himmlischen Vater glaubte.« Du erzählst nun die Geschichte der Auferweckung des Lazarus aus Johannes 11,17-45. Dabei konzentrierst du dich vor allem auf die Verse 41 und 42:

»Nachdem sie den Stein weggeschoben hatten, sah Jesus zum Himmel auf und betete: ›Vater, ich danke dir, dass du mein Gebet erhört hast! Ich weiß, dass du mich immer erhörst, aber ich sage es wegen der vielen Menschen, die hier stehen. Sie sollen alles miterleben und glauben, dass du mich gesandt hast.‹«

Wenn wir einen Freund haben, den wir wirklich gut kennen, dann können wir sicher sein, dass er uns nicht hängen lässt. Jesus kannte seinen himmlischen Vater so gut, dass er sagen konnte: »Ich weiß, dass du mich immer hörst.« Das ist Glaube. Und Jesus wollte, dass die Menschen um ihn herum auch einen solchen Glauben an Gott als ihren Vater haben.

Weihnachtsglaube 2 – U steht für »Unser Vertrauen ist gefragt«

Biblischer Bezug: Lukas 1,26-45

Zielgedanke: Ein ganz wesentliches Element des Glaubens ist das Vertrauen.

Material: die sechs GLAUBE-Weihnachtspäckchen; ein Fläschchen mit gefärbtem Wasser (mit Lebensmittelfarbe) und einem Etikett, auf dem *Medizin* steht; ein Löffel

Du zeigst das Päckchen mit dem U darauf. Das U steht für »Unser Vertrauen ist gefragt«; Vertrauen ist einer der wichtigsten Bestandteile des Glaubens.

Dann fragst du, ob eins der Kinder vor kurzem beim Arzt war. Du zeigst einem Kind, das sich meldet, das Medizinfläschchen.

»Wenn der Arzt dir sagen würde, du sollst einen Löffel aus so einem Fläschchen einnehmen, würdest du es tun? Und wenn ein Fremder auf der Straße auf dich zukommen und das Gleiche sagen würde, was würdest du dann machen?«

Was ist der Unterschied? Vertrauen.

Dann erzählst du die Geschichte aus Lukas 1,26-45 nach, wie der Engel Gabriel zu Maria kommt. Du kannst den Text auch zusammen mit jemand anderem mit verteilten Rollen aufführen.

Es ist dabei wichtig, Marias Ängste und ihre Unsicherheit hervorzuheben – und die Tatsache, dass sie Gott trotzdem vertraute (Vers 38).

Jetzt nimmst du noch mal das Päckchen mit dem G darauf. Letztes Mal haben wir gesagt, das Wichtige am Glauben ist, dass es der Glaube an eine Person ist. Und wer ist diese Person? Gott der Vater. Weil es Gott war, der (durch einen Engel) zu ihr sprach, konnte Maria darauf vertrauen, dass er sie nicht im Stich lassen würde.

Können wir so vertrauen wie Maria?

Weihnachtsglaube 3 – B steht für »Bereit zum Handeln?«

Biblischer Bezug: Matthäus 2,1-12; Jakobus 2,26

Zielgedanke: Glaube hat Auswirkungen.

Material: die sechs GLAUBE-Weihnachtspäckchen; eine Kanne mit Wasser; eine Flasche; ein glattes Stück Pappe, das etwas größer ist als die Öffnung der Flasche; ein Handtuch

»B steht für ›Bereit zum Handeln?‹« (Du zeigst das Päckchen mit dem B darauf.) »Letztes Mal haben wir uns mit dem U für ›Unser Vertrauen ist gefragt‹ beschäftigt. Jetzt wollen wir sehen, ob jemand genug Vertrauen hat, um es in die Tat umzusetzen.«

Du füllst die Flasche mit Wasser und lässt oben nur ein paar Millimeter Platz für Luft. Dann legst du das Stück Pappe über die Flaschenöffnung und erklärst, dass die Pappe nicht herunterfallen und das Wasser nicht herausfließen wird, wenn du die Flasche umdrehst. Das ist kein Trick, sondern einfach eine wissenschaftliche Tatsache, die durch den Luftdruck bewirkt wird.

»Wer glaubt mir? Wer ist bereit, mir zu vertrauen und sich unter die Flasche zu stellen, wenn ich sie umdrehe?«

Du drehst die Flasche über dem Kopf des Freiwilligen um, wobei du die Pappe festhältst. Dann zählst du laut bis drei und lässt die Pappe los. Das Wasser bleibt in der Flasche.

In Matthäus 2,1-12 finden wir die Geschichte von den Weisen oder Gelehrten. Lies diese Geschichte vor, oder erzähle sie mit eigenen Worten. Diese Männer waren bereit, ihr Handeln durch ihren Glauben bestimmen zu lassen.

Das lässt sich an mindestens drei Punkten erkennen: Erstens sagten sie: »Wir haben seinen Stern aufgehen sehen und sind hierher gekommen, um ihn anzubeten.« Zweitens: Sie hatten sich vorbereitet und Geschenke mitgenommen. Drittens: Sie folgten dem warnenden Traum am Ende der Geschichte.

Der Glaube ist manchmal ein Schritt ins Ungewisse, aber wenn der Schritt erst einmal gemacht ist, kann man erkennen, dass er richtig war. Die Weisen sahen das Christuskind nicht nur, sondern ihre Freude kannte »keine Grenzen« (Vers 10). Wenn sie ihren Glauben nicht in die Tat umgesetzt hätten, hätten sie niemals den Beweis dafür gefunden, dass sie Recht hatten. Und sie hätten auch diese Aufregung und Freude nicht erlebt.

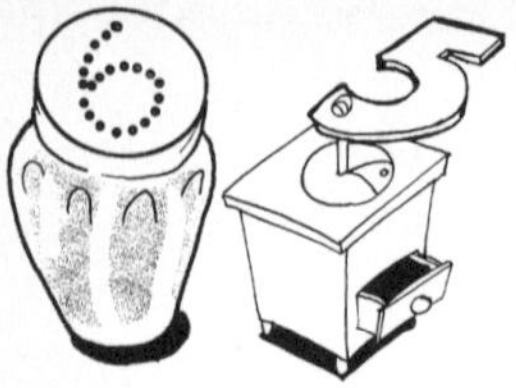

Weihnachtsglaube 4 – A steht für »Als Mensch zu uns gekommen«

Biblischer Bezug: Lukas 2,8-20

Zielgedanke: An Weihnachten begegnen wir Gott in menschlicher Gestalt, »leib-haftig«.

Material: die sechs GLAUBE-Weihnachtspäckchen; Fotos von berühmten Persönlichkeiten aus einer Musik- oder Sportzeitschrift

Du zeigst das Päckchen mit dem A darauf. A steht für »Als Mensch zu uns gekommen«.

»Habt ihr schon mal jemand Berühmtes getroffen? Vielleicht sogar jemanden, den ihr ganz toll findet?«

Wir sprechen manchmal davon, dass wir jemandem »leibhaftig« begegnet sind. In dem Begriff steckt das Wort »Leib« drin, also Körper. Wenn man jemand persönlich trifft, den man sonst nur aus dem Fernsehen kennt, ist er oder sie plötzlich zum Anfassen nah. Man sieht, dass diese Person auch ein Mensch aus Fleisch und Blut ist.

Menschen wie Maria und die Weisen kannten Gott und vertrauten ihm, obwohl sie ihn niemals gesehen hatten. Das Aufregende am ersten Weihnachtsfest war, dass sie ihn nun zum ersten Mal »leibhaftig«, als Mensch aus Fleisch und Blut trafen.

Nun liest du die Geschichte der Hirten aus Lukas 2,8-20 vor. Oder die Kinder können diesen bekannten Abschnitt auch selbst lesen.

In Vers 11 und 12 steht etwas Wichtiges, nämlich dass Jesus der »lang ersehnte Retter ... Christus, der Herr« ist. Das hat auch der Engel Gabriel zu Maria gesagt: Jesus ist Gottes Sohn und trotzdem kommt er als Baby auf die Welt. Gott ist also »leibhaftig«, als Mensch zu uns gekommen.

Von diesem Moment an bedeutete der Glaube der Menschen, die später Christen genannt wurden, nicht nur Glaube an Gott, den Vater, sondern es war – und ist auch heute – zugleich der Glaube an Gott, den Sohn, der Mensch wurde.

Weihnachtsglaube 5 – E steht für »Er ist heilig«

Biblischer Bezug: Lukas 1,35+49; 2,19; Matthäus 2,11

Zielgedanke: Gott kommt uns in seiner Heiligkeit nahe.

Material: die sechs GLAUBE-Weihnachtspäckchen; Kerzen; Streichhölzer

Du zeigst das Päckchen mit dem E darauf. Das E steht für »Er ist heilig«. Wir hören das Wort heilig oft in der Weihnachtsgeschichte und in Weihnachtsliedern, wie zum Beispiel in dem Lied *Stille Nacht, heilige Nacht.*

Als der Engel Gabriel zu Maria kommt, sagt er ihr, dass das Kind »heilig« sein wird (Lukas 1,35). Und in ihrem Loblied für Gott singt Maria: »Denn Gott hat große Dinge an mir getan, er, der mächtig und heilig ist!« (Lukas 1,49)

Es ist schwer zu erklären, was »heilig« bedeutet, aber man kann es erfahren. Man spürt die Gegenwart Gottes und merkt, wenn etwas Besonderes passiert. Die Weisen waren kluge Gelehrte, aber in der Bibel heißt es, sie »knieten« vor diesem Baby aus einer armen Familie »nieder und beteten es an« (Matthäus 2,11). Sie wussten, dass dieses Kind von Gott kam. Allein Gott ist heilig oder Dinge oder Menschen, die ihm gehören.

Etwas anderes merkten die Menschen damals noch: nämlich, dass sie einem Geheimnis begegneten. Sie merkten, dass da etwas war, das alles menschliche Denken übersteigt. Wir können Gott, der als Mensch zu uns gekommen ist, nicht völlig verstehen. Wir begreifen nicht ganz, wie und warum. Wir können nur staunen. Nachdem die Hirten gegangen waren, sagt die Bibel: »Maria aber bewahrte alles, was geschehen war, in ihrem Herzen und dachte darüber nach« (Lukas 2,19). Es war geheimnisvoll.

Menschen, die in der Gegenwart des Heiligen waren, fühlen sich außerordentlich beschenkt und demütig. Sie sind von tiefem Frieden und großer Freude erfüllt. Diese Erfahrung haben all jene gemacht, die an diesem ersten Weihnachten zu dem neugeborenen Jesus kamen.

Es war ihr Glaube, der die Hirten und die Weisen, Maria und Josef hierher brachte. Und weil sie dem Heiligen nahe kamen, wurde ihr Glaube noch viel tiefer. Wenn Menschen eine solche Erfahrung machen, erinnern sie sich ihr ganzes Leben lang daran, und die Erfahrung wird so zu einem wichtigen Teil ihrer selbst.

Weihnachtsglaube 6 – L steht für »Lasst euch beschenken«

Biblischer Bezug: Lukas 2,10-11

Zielgedanke: Gott schenkt uns seinen Sohn.

Material: die sechs GLAUBE-Weihnachtspäckchen; das Lied *Ihr Kinderlein kommet*

Zur Einstimmung singt ihr gemeinsam *Ihr Kinderlein kommet.* Dann zeigst du das Päckchen mit dem L. L steht für »Lasst euch beschenken«.

In der ersten Strophe von *Ihr Kinderlein kommet* heißt es: »... und seht, was in dieser hochheiligen Nacht der Vater im Himmel für Freude uns macht.« Mit der Freude, die Gott uns macht, ist Jesus Christus gemeint. So wie der Engel es sagt: »Fürchtet euch nicht! Ich bringe euch die größte Freude für alle Menschen: Heute ist für euch in der Stadt, in der schon David geboren wurde, der lang ersehnte Retter zur Welt gekommen. Es ist Christus, der Herr.« (Lukas 2,10-11)

Jesus ist ein Geschenk Gottes an uns und Gott möchte, dass wir dieses Geschenk annehmen, dass wir ihn in unser Leben aufnehmen.

Jetzt legst du alle sechs Päckchen nebeneinander und überlegst gemeinsam mit den Kindern noch einmal, was Glaube alles beinhaltet:

– G steht für »Gott ist unser Vater« – unser christlicher Glaube ist ein Glaube an ihn.
– L steht für »Lasst euch beschenken« – Gott schenkt uns seinen Sohn.

- A steht für »Als Mensch zu uns gekommen« – in Jesus ist Gott Mensch geworden und wir glauben auch an den Sohn.
- U steht für »Unser Vertrauen ist gefragt« – das feste Vertrauen auf Gott, das zum Handeln führt.
- B für »Bereit zum Handeln?« – in dieser Bereitschaft drückt sich echter Glaube aus.
- E steht für »Er ist heilig« – Gott kommt zu uns und will uns durch den Glauben an seinen Sohn heiligen.

»Diese bunt eingepackten Päckchen sollen uns auch daran erinnern, dass der Glaube ein Geschenk ist.« Dieses Geschenk wird an die Menschen verteilt, die es empfangen möchten. Viele Menschen auf der ganzen Welt würden sagen, dass es das kostbarste Geschenk ist, das sie je bekommen haben.

Mutter Teresa sagte es so: »In Indien wurde ich einmal von Leuten aus der Regierung gefragt: ›Wollen Sie uns denn nicht alle zu Christen machen?‹

Ich sagte: ›Natürlich würde ich den Schatz, den ich besitze, gern an Sie weitergeben, aber das kann ich nicht. Ich kann nur für Sie beten, dass Sie den Mut haben, ihn zu empfangen.‹

Glaube ist ein Geschenk Gottes.«

Ein Weihnachtsgeschenk aus weiter Ferne

Biblischer Bezug: 1. Johannes 4,10

Zielgedanke: In seiner Güte hat Gott Jesus in unsere Welt geschickt.

Material: ein altmodischer Gabenteller mit Nüssen, einer Orange und einem kleinen Spielzeug (Holztier, Springseil o.ä.); ein Päckchen mit einem Computerspiel oder elektronischen Spielzeug aus Fernost

»Was wünscht ihr euch zu Weihnachten?« Einige werden vielleicht eine Playstation, einen Gameboy, einen PC oder neue Spiele für ihre bereits vorhandenen Geräte nennen. Nun öffnest du das Päckchen und zeigst, was darin ist. Vieles, was uns gefällt, kommt aus Ländern, die Tausende von Kilometern von uns entfernt sind.

»Stellt euch mal vor, man müsste z.B. nach Japan fliegen, um solche Geschenke zu besorgen!« Was das kosten würde! Wer würde das dann überhaupt machen? Kaum jemand! Ist es nicht toll, dass solche Sachen nach Deutschland importiert werden?

Weihnachten hat für uns aber nicht nur etwas mit Geschenken zu tun. Wir feiern Weihnachten, weil wir glauben, dass Gott, der Schöpfer der Welt und des ganzen Universums, uns liebt und wir mit ihm am besten leben. Wie können wir etwas über ihn erfahren? Wenn wir nicht einmal bis nach Japan reisen können, um Weihnachtsgeschenke zu kaufen, dann können wir erst recht nicht bis an die Grenzen des Alls oder gar darüber hinaus fliegen, um Gott zu begegnen!

Aber die Weihnachtsgeschichte sagt uns, dass wir das auch gar nicht müssen. Die Botschaft der Weihnachtsgeschichte ist, dass Gott zu uns gekommen ist. Indem sein Sohn als Mensch auf die Erde kam.

Vom Himmelreich zur Erde: Das ist eine unendliche Entfernung, die kein Mensch jemals überbrücken kann. Aber Gott liebt uns so sehr, dass er seinen Sohn auf die Erde schickt – das ist sein Weihnachtsgeschenk für uns. »Das Einzigartige an dieser Liebe ist: Nicht wir haben Gott geliebt, sondern er hat uns geliebt. Er hat seinen Sohn gesandt, damit er durch seinen Tod Sühne leiste für unsere Schuld.« (1. Johannes 4,10)

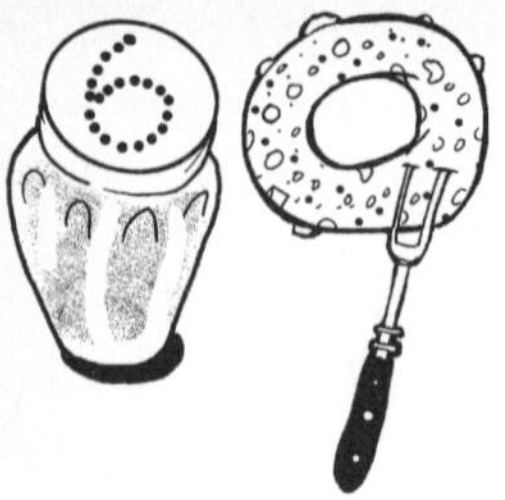

Spurensuche

Biblischer Bezug: Matthäus 2,2+9; Micha 5,1

Zielgedanke: Wenn wir auf die Zeichen achten, können wir Jesus finden.

Material: eine Darstellung der drei Weisen

»Jeder von euch kennt die weisen Männer aus der Weihnachtsgeschichte. Aber seid ihr schon einmal auf den Gedanken gekommen, dass sie richtige Detektive sind?« Sie entschlüsseln Hinweise und suchen nach Informationen, um herauszufinden, an welchem geheimen Ort der Messias, der verheißene König der Juden zur Welt kommen wird.

Im Jahr 5 v. Chr. erwähnen chinesische Berichte einen hellen Kometen, der über 70 Tage am Himmel zu sehen war. Könnte das der Weihnachtsstern gewesen sein, der die Weisen veranlasste, zu ihrer Suche aufzubrechen?

Aber ist 5 v. Chr. nicht viel zu früh? Nein, auch wenn es auf den ersten Blick so aussieht. Im sechsten Jahrhundert verrechnete sich ein Mönch, als er das Geburtsdatum von Jesus bestimmen wollte. Deshalb ist das Jahr, um das sich unsere Zeitrechnung dreht, wohl gar nicht das Jahr, in dem Jesus geboren wurde. (Ist es nicht gut zu wissen, dass Erwachsene ihre Matheaufgaben auch nicht immer richtig lösen?) Als Jesus geboren wurde, war nämlich Herodes König in Israel. Herodes starb aber im Jahr 4 v. Chr., also ist es sehr wahrscheinlich, dass Jesus im Jahr 5 v. Chr. geboren wurde.

Kommen wir nun aber wieder zu unseren Detektiven zurück. Sie waren auf der Suche nach dem Messias, dem König der Juden. Wo sie zuerst nachzuschauen hatten, war leicht: in Jerusalem, der Hauptstadt der Juden. Also kamen sie in Jerusalem an und stellten ihre Fragen: »Wo ist der neugeborene König der Juden? Wir haben seinen Stern aufgehen sehen und sind hierher gekommen, um ihn anzubeten.« (Matthäus 2,2)

Es dauerte nicht lange, bis der königliche Geheimdienst von den Fremden und ihren Fragen Wind bekam. Und schon berief ein besorgter Herodes eine Sitzung der Experten ein, seiner eigenen weisen Männer. Wenn es der Messias war, wo würde er zur Welt kommen? Die Experten wussten eine Antwort darauf. Über 700 Jahre vorher hatte ein Mann namens Micha eine Prophezeiung, eine Vorhersage über den Messias geäußert.

Und die lautete so (du liest Micha 5,1): »Doch dir, Bethlehem im Gebiet der Sippe Efrat, lässt der Herr sagen: ›So klein du bist unter den Städten in Juda, aus dir wird der Mann kommen, der künftig Israel führen wird. Sein Ursprung liegt in ferner Vergangenheit.‹«

Bethlehem – das war die Antwort! Sollte irgendetwas dran sein an dieser Sache mit dem König der Juden, dann war Herodes nicht der Typ, der sich zurücklehnte und einen Rivalen auf der Bildfläche duldete. Schließlich hatte er auch schon andere Menschen getötet, die ihm den Thron hätten streitig machen können. Er lud die weisen Männer zu einem geheimen Treffen ein und gab ihnen den letzten Hinweis, nach dem sie noch forschten: Bethlehem war der gesuchte Ort. Herodes plante, die Weisen zum Aufspüren des Babys zu benutzen und es dann zu beseitigen. Aber Gott hatte andere Pläne!

Die weisen Männer brachen zu den letzten Kilometern Richtung Bethlehem auf. In der Bibel lesen wir von dem Stern: »Er blieb über dem Haus stehen, in dem das Kind war« (Matthäus 2,9). In alten Schriften werden Formulierungen wie »über etwas stehen« normalerweise im Zusammenhang mit Kometen verwendet. Das könnte bedeuten, dass der Kometenschweif am Nachthimmel zu sehen war, als die Weisen Bethlehem schließlich erreichten. Das wäre für sie dann die letzte Bestätigung gewesen, dass sie am richtigen Ort angekommen waren. Mit ein paar einfachen Erkundigungen hätten sie dann den Weg zu Maria und dem neugeborenen Jesus gefunden. Den Rest der Geschichte kennen wir alle von Krippenspielen und den weihnachtlichen Motiven auf Grußkarten.

Nun haben wir einen modernen Krimi daraus gemacht, aber niemand weiß, ob diese Zeichen am Himmel wirklich die gleichen waren, die die weisen Männer gesehen haben. Wie auch immer ihre Zeichen aussahen, die Weisen setzten sie wie Puzzleteile zusammen und kamen auf den richtigen Zeitpunkt und den richtigen Ort. Sie fanden Jesus und beteten ihn als den Messias, den verheißenen König aller Könige an. Zwanzig Jahrhunderte später gibt es noch immer Menschen auf der ganzen Welt, denen Gott die Zeichen gibt, die sie brauchen, um zu dem gleichen Schluss zu kommen: dass Jesus der verheißene Messias ist.

Teil

Ostern und Pfingsten

Die reine Wahrheit

Biblischer Bezug: 2. Korinther 5,21

Zielgedanke: Gottes Liebe und seine Gerechtigkeit treffen sich an Karfreitag.

Material: eine Flasche mit etwas Milch, die einige Tage lang draußen gestanden hat und offensichtlich sauer geworden ist; eine ungeöffnete Tüte H-Milch; zwei Gläser; ein Kreuz

Du öffnest die Tüte H-Milch, gießt etwas von der Milch in ein Glas und gibst sie einem Kind zu trinken. Dann bietest du einem anderen Kind die saure Milch an. Igitt!

Was ist der Unterschied? Wie lange hält sich H-Milch in der geschlossenen Tüte? Woran liegt das? Die normale Milch hat noch Bakterien darin, so dass sie nach ein paar Tagen sauer wird. H-Milch dagegen wird sterilisiert, so dass alle Bakterien vernichtet werden.

Niemand von uns weiß, wie es im Himmel aussieht, aber wir stellen uns alle vor, dass der Himmel vollkommen ist: ohne Verbrechen, ohne Hunger, ohne Ungerechtigkeit, ohne Leid.

»Wer von euch ist vollkommen? Wer hat noch nie in seinem Leben gelogen? Wer war noch nie gemein zu jemand anderem?« Geben wir es zu: Keiner von uns ist vollkommen. Wir sind vielleicht nicht durch und durch böse, aber wir haben die »Bakterien« der Sünde in uns.

Aber Jesus war vollkommen, völlig ohne Sünde. Ohne »Bakterien« also, wie die H-Milch. Wenn wir wie er ewig leben wollen, müssen wir zulassen, dass Gott uns von den Bakterien der Sünde reinigt. Und dann verderben wir nicht.

Wie das geht? Wir müssen nur glauben, was die Bibel sagt: »Denn Gott hat Christus, der ohne jede Sünde war, mit all unserer Schuld beladen und verurteilt, damit wir von dieser Schuld frei sind und Menschen werden, die Gott gefallen.« (2. Korinther 5,21)

Das Bußgeld ist bezahlt

Biblischer Bezug: Kolosser 2,14

Zielgedanke: Karfreitag bedeutet, dass wir unsere Schulden loswerden.

Material: keins

»Was hat eine Frau, die ihren Fernseher nicht angemeldet hatte und deshalb zu einer Geldbuße verurteilt wurde, die sie nicht bezahlen konnte, mit Karfreitag zu tun?«

Die Frau hieß Sharon Jones. Sie hatte bereits sechs Kinder und war wieder schwanger, als sie im November vor Gericht kam. Sie hatte ihren Fernseher nicht angemeldet und konnte das Bußgeld von 150 Mark nicht bezahlen. Deshalb wurde sie zu fünf Tagen Gefängnis verurteilt. Sie brach in Tränen aus, als das Urteil verkündet wurde. Der Termin für ihr Baby war in genau zwei Wochen.

Eine der Anwesenden im Gerichtssaal war eine Rechtsanwältin. Sie war so betroffen von der Not dieser Frau, dass sie in ihrer Anwaltspraxis 150 Mark sammelte und für das Bußgeld zur Verfügung stellte. So musste die hochschwangere Frau nicht ins Gefängnis. Die Rechtsanwältin sagte: »Jeder hatte Mitleid mit dieser armen Frau, also legten wir ohne großes Aufsehen die Summe für das Bußgeld zusammen – es schien uns so in Ordnung zu sein.«

Was hat das nun mit Karfreitag zu tun? Nun ja, die Bibel sagt uns, dass es für jeden von uns einen Schuldschein gibt, dessen

Forderungen wir nicht erfüllen können. Der Apostel Paulus sagt es so: »Gott hat den Schuldschein, der uns mit seinen Forderungen so schwer belastete, eingelöst und auf ewig vernichtet, indem er ihn ans Kreuz nagelte.« (Kolosser 2,14)

Wir verschulden uns, wenn wir Gottes Gesetze brechen. Das betrifft auch unseren Umgang miteinander und unser Versagen, Gottes Schöpfung angemessen zu schützen. Wenn man das alles aufzählen will, bekommt man eine ziemlich lange Liste. Darum ist der Karfreitag, an dem wir uns an die Kreuzigung von Jesus erinnern, für uns Christen ein froher Tag. Wir denken an die Liste der Dinge, die wir falsch gemacht haben, an die Schulden, die wir vor Gott haben und nicht begleichen können. Wir denken daran, wie wir Gott gesagt haben, dass uns das alles Leid tut, und wie wir zugegeben haben, dass wir den Forderungen dieses Schuldscheins unmöglich nachkommen können. Wir haben Jesus gebeten, das für uns zu tun.

»Überlegt mal, wie sich Sharon Jones gefühlt hat, als ihre Strafe bezahlt war und sie nicht ins Gefängnis musste! Dann könnt ihr euch vielleicht vorstellen, wie wir uns als Christen darüber freuen können, dass unsere Schuld ein für allemal vom Tisch ist.« Und das ist doch ein guter Grund, aus dem Karfreitag einen Feiertag zu machen!

12 Ein ungewöhnliches französisches Kreuz

Biblischer Bezug: Johannes 18 und 19

Zielgedanke: Es ist wichtig, dass wir uns immer wieder an das Leiden von Jesus erinnern, und Symbole können uns dabei helfen.

Material: eine Kopie der Zeichnung auf Folie für den Overheadprojektor

In manchen Gebieten der französischen Alpen kann man in Häusern und Kirchen ein faszinierendes Kreuz sehen. Es ist mit Symbolen verziert, die an verschiedene Elemente der Kreuzigungsgeschichte erinnern. Die Zeichnung gegenüber zeigt ein solches Kreuz aus einer kleinen Kapelle im Dorf Les Cours, in der Nähe des Col du Lautaret (einer Etappe der Tour de France).

Du erzählst die Geschichte aus Johannes 17 und 18 und zeigst auf die entsprechenden Symbole am Kreuz. (Je nachdem, wie sehr du in die Einzelheiten gehst oder was du den Kindern vermitteln willst, kannst du diese Andacht auch in mehreren Teilen als kurze Reihe gestalten.)

Und das sind die verschiedenen Elemente der Geschichte:

- *eine Münze* symbolisiert die dreißig Silberstücke, die Judas für den Verrat an Jesus erhielt
- *der Hahn* krähte, als Petrus zum dritten Mal abstritt, Jesus zu kennen
- *die Peitsche*, mit der Jesus geschlagen wurde
- *eine Hand* symbolisiert Pilatus' Hände, von denen er sich die Schuld am Tod Jesu abwaschen wollte (Matthäus 27,24)
- *Hammer, Nägel, eine Leiter, eine Zange* wurden gebraucht, um Jesus ans Kreuz zu nageln und später seinen Körper wieder herunterzuholen
- *ein Schild mit der Aufschrift INRI* ließ Pilatus am Kreuz anbringen; die Anfangsbuchstaben stehen auf Lateinisch für Jesus von Nazaret, König der Juden
- *ein Krug und ein Schwamm auf einem Stock* wurden gebraucht, um Jesus Essig zu trinken zu geben
- *Würfel*, mit denen die Soldaten um Jesu Mantel würfelten (Matthäus 27,35)
- *Sonne und Mond* erinnern an die Finsternis, die vom Mittag bis zum Nachmittag herrschte (Matthäus 27,45)
- *eine Lanze* wurde Jesus in die Seite gestoßen, um zu sehen, ob er tot war

- *die Zehn Gebote* stehen als Symbol dafür, dass Jesus durch seinen Tod die Forderungen des Gesetzes erfüllt hat (Römer 8,3-4)
- *das Herz* symbolisiert die Liebe Gottes, die sich im Tod Jesu zeigt (1. Johannes 3,16)

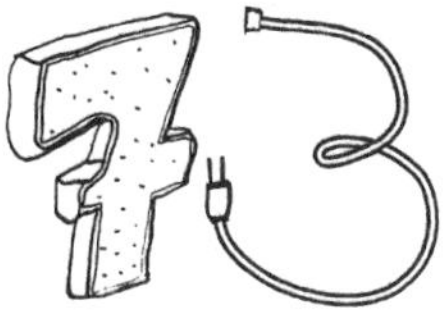

Sch-werz-uerk-enn-en

Biblischer Bezug: Lukas 24,13-35

Zielgedanke: Zu Ostern gehört auch die Geschichte von den Emmausjüngern.

Material: einige Wörter mit falscher Trennung auf Overheadfolie geschrieben (Beispiele: *Kle-ide-rbü-gel, Ha-usdac-h, Mül-le-ime-r*; um die Sache schwieriger zu machen, können die Silbern auch ohne Trennstriche untereinander geschrieben werden)

Du zeigst ein Wort nach dem anderen und bittest ein paar Kinder, sie laut vorzulesen. (Achte darauf, wie lange sie brauchen, um die Wörter zu erkennen. Manche Kinder werden große Schwierigkeiten damit haben. Andere werden merken, dass sie ein Wort zuerst nicht erkennen und dann auf einmal sehen, was da steht.)

»Es gibt eine oft erzählte Ostergeschichte über zwei Freunde, die ziemlich lange brauchten, bis sie jemand erkannten, der ihnen eigentlich ganz vertraut war.« Du schilderst die Ausgangssituation: Es war der Sonntag nach dem Freitag, an dem Jesus gekreuzigt und begraben worden war. Dann erzählst du die Geschichte, wie Jesus den beiden Jüngern auf dem Weg von Jerusalem nach Emmaus begegnete. Sie steht in Lukas 24,13-35.

Ein Begriff, den man auf ungewohnte Weise sieht, ist auf Anhieb schwer zu erkennen. So ist es auch manchmal mit Menschen, die wir nicht sofort einordnen können, weil sie an einem unvermuteten Ort auftauchen. Und in diesem Fall waren die Jünger davon überzeugt, dass Jesus tot war! In Vers 32 heißt es jedenfalls: »Da gingen ihnen die Augen auf und sie erkannten Jesus.«

»Für uns war es ein Aha-Erlebnis, als wir plötzlich die Wörter erkannten. Ihr könnt euch vorstellen, dass die Köpfe der Jünger auf Hochtouren gearbeitet haben, als Jesus ihnen erklärte, was die Bibel alles über ihn sagt.« Und wie aufregend muss es gewesen sein, als der Groschen schließlich fiel und ihnen bewusst wurde, dass es der auferstandene Jesus war, der sie auf dem Weg nach Emmaus begleitet hatte.

Ein Siegerpokal

Biblischer Bezug: 1. Korinther 11,25

Zielgedanke: Der Abendmahlskelch erinnert uns daran, dass Jesus den Tod besiegt hat.

Material: ein Pokal oder eine andere Trophäe, die von einem Einzelnen oder einer Mannschaft errungen wurde; ein Abendmahlskelch oder Glas mit Trauben- oder Johannisbeersaft

Du hältst den Pokal hoch und erzählst, dass er ein wertvolles Erinnerungsstück ist – etwas, das an einen vergangenen Sieg erinnert.

Dann nimmst du das Glas »Wein« oder den Abendmahlskelch. Dieser Becher erinnert auch an einen Sieg. Für uns Christen ist es eine Erinnerung an den wichtigsten Sieg überhaupt.

In der Nacht vor seiner Kreuzigung feierte Jesus mit seinen Freunden das so genannte Abendmahl. Während dieses Essens nahm Jesus einen Becher mit Wein und ließ ihn um den Tisch herumgehen, damit alle davon trinken konnten. Er sagte: »Dieser Kelch ist der neue Bund zwischen Gott und euch, der durch mein Blut besiegelt wird. Denkt daran, so oft ihr daraus trinkt.« (1. Korinther 11,25)

Sonntags – und manchmal auch an anderen Tagen – befolgen Christen überall auf der Welt die Worte Jesu und nehmen Brot und Wein zu sich. Wer an dieser Feier teilnimmt, erinnert sich an den Tod von Jesus und feiert seinen Sieg über das Böse.

Der Pokal erinnert an vergangene sportliche Siege. Gleichzeitig ermutigt er alle, die am nächsten Wettkampf teilnehmen, ihr Bestes zu geben, damit sie ihn gewinnen. Der Becher erinnert die Menschen daran, dass Jesus das Böse am Kreuz besiegt hat. Und er ermutigt die Christen zu großer Bereitschaft, den Willen Gottes zu tun, weil er ihnen zeigt, was Gott schon für sie getan hat.

15 Die Kirche hat Geburtstag

Biblischer Bezug: Apostelgeschichte 2,1-4

Zielgedanke: Pfingsten ist der Zeitpunkt, an dem man den Geburtstag der Kirche feiern kann.

Material: ein Geburtstagskuchen; Kerzen; Streichhölzer

Während du den Kuchen auspackst, sagst du: »Heute (oder: nächsten Sonntag) hat jemand Geburtstag. Wisst ihr, wer? Ein kleiner Hinweis: Sie ist ungefähr 2000 Jahre alt.« Die Lösung: Es ist die Kirche. Nicht das Gebäude, in dem wir uns befinden, sondern die Kirche, die aus allen Christen besteht.

Wenn wir einen Geburtstagskuchen haben, wird er oft mit brennenden Kerzen hereingetragen. Dann muss das Geburtstagskind tief Luft holen und alle Kerzen ausblasen. Als die Kirche geboren wurde, gab es auch Flammen und einen kräftigen Wind, nur dass es gewissermaßen andersherum funktionierte.

Du lässt einen Mitarbeiter oder ein Kind Apostelgeschichte 2,1-4 lesen. Dabei zündest du die Kerzen der Reihe nach an – sie stellen die Jünger Jesu dar –, so dass schließlich jede mit einer Flamme »bedeckt« ist.

Dann erzählst du, was an diesem Pfingsttag noch geschah und wie er seinen Höhepunkt in der Taufe von 3000 Menschen fand (Apostelgeschichte 2,41). Seither ist die Kirche im Lauf der Jahrhunderte gewachsen. Heute gibt es ungefähr eine Milliarde Christen auf der Welt. Das sind eine ganze Menge Leute, die den Geburtstag der Kirche mitfeiern!

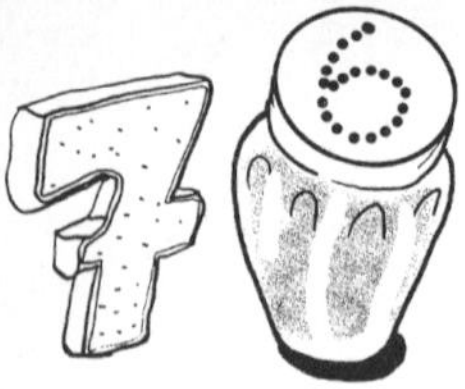

Atem und Geist

Biblischer Bezug: Apostelgeschichte 3 und 4,1-22

Zielgedanke: Der Geist Gottes setzt etwas in Bewegung.

Material: zwei Tischtennisbälle; zwei Stück Faden; Tesafilm; ein Besenstiel

Du hast das folgende kleine Experiment vorher vorbereitet: Die Fäden werden mit Tesafilm an den Tischtennisbällen befestigt und am Besenstiel festgebunden (siehe Abbildung), wobei der Abstand zwischen den Bällen etwa 6 cm betragen sollte. Jetzt legst du diese Konstruktion über zwei Stuhllehnen o.ä., so dass die Bälle für die Kinder gut sichtbar sind.

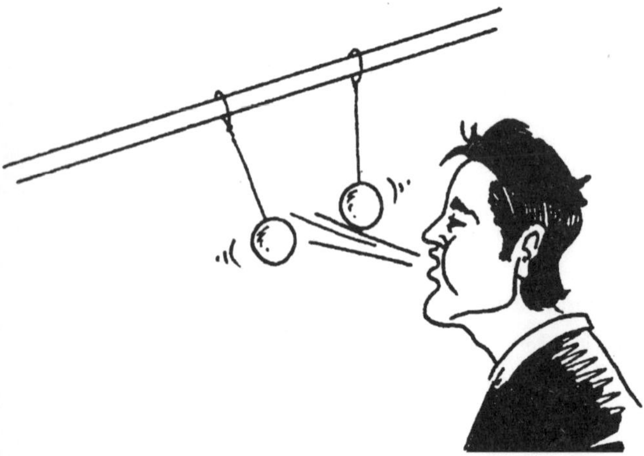

»Wenn ich gegen einen der Tischtennisbälle puste, bewegt er sich dann von mir weg oder zu mir hin?« Natürlich bewegt er sich weg.

»Und was ist, wenn ich zwischen den Bällen hindurchpuste? Wie bewegen sie sich dann?« Du führst das Experiment vor: Die Bälle bewegen sich aufeinander zu! Warum?

Ein Luftstrom, der sich über eine gekrümmte Oberfläche bewegt, verliert Druck und sorgt dadurch für »Auftrieb«. Nach dem gleichen Prinzip wird auch ein Flugzeug in der Luft gehalten: Ein Luftstrom, der sich über die gekrümmte Oberfläche an der oberen Flügelseite bewegt, zieht den Flügel – und das Flugzeug – nach oben. Der Luftstrom, der sich über die Tischtennisbälle bewegt, zieht sie zu der Seite, über die dein Atem weht.

Du erinnerst an die Pfingstgeschichte und an das Brausen wie von einem gewaltigen Sturm (Apostelgeschichte 2,1-2). Der Geist Gottes kam mit Macht auf die Jünger Jesu herab. Das Wort für »Geist« ist in der Sprache des Urtextes das gleiche wie für »Atem«.

Wenn ihr atmet – oder wenn der Wind weht –, kann man nicht sehen, wie sich die Luft bewegt, aber man kann die Wirkung sehen. Das Experiment mit den Tischtennisbällen ist nur ein Beispiel dafür. Genauso ist es auch mit dem Geist Gottes. Man kann ihn nicht sehen (obwohl die Jünger so etwas wie Flammen sahen), aber man kann seine Auswirkung im Leben vieler Menschen erkennen. Und genau wie bei den Tischtennisbällen kann diese Auswirkung oft ganz erstaunlich sein.

Du erzählst die Geschichte von der Heilung des Gelähmten (Apostelgeschichte 3) und dem anschließenden Verhör von Petrus und Johannes (Kapitel 4,1-22). Dabei besonders hervorzuheben sind Vers 8 (Petrus war erfüllt vom Heiligen Geist) und Vers 13 (die Leute wunderten sich über den Mut und die Redegewandtheit von Petrus).

77 Pfingst-Rap

Biblischer Bezug: Apostelgeschichte 2,1-42

Zielgedanke: Gott spricht zu den Menschen in ihrer jeweiligen Sprache.

Material: keins

Die Juden feiern das Pfingstfest, das auch Wochenfest genannt wird, sieben Wochen nach dem Passafest. Sie freuen sich damit über den Abschluss der Getreideernte. Auch für Christen ist dieser Tag wegen der Geschehnisse nach dem ersten Osterfest sehr wichtig. Was damals passiert ist, kann man auch mit einem Rap erzählen und so in eine Sprache von heute »übersetzen«. Und um Sprache geht es ja bei den Pfingstereignissen auch. Um beim Lesen den Rhythmus hervorzuheben, lässt du am besten die Kinder mit den Fingern schnippen. Zum Einüben sind die betonten Silben hier durch Unterstreichungen hervorgehoben.

Hey, Leute, spitzt die Lauscher, hoffentlich sind alle da –
ich will euch mal erzählen, was an Pfingsten so geschah.
Damit es besser rüberkommt, schnippt ihr am besten mit –
dann wird hier unser Pfingsten-Rap der Mega-super-Hit!

Die Römer haben Jesus, wie ihr wisst, ans Kreuz gebracht,
doch er hat seinen Freunden in der Nacht davor gesagt:
»Bleibt ihr hier in Jerusalem, weil Gott euch was verheißt:
vom Himmel kommt bald ein Geschenk,
das ist der Heil'ge Geist.«

Die Jünger warn zusammen, alle beteten ganz doll,
mit hundertzwanzig Leuten war die Hütte ganz schön voll.
Dann plötzlich, eines Morgens, gab's ein tierisches Gebraus:
ein wilder Sturm vom Himmel fegte durch das ganze Haus.

Die Luft war voller Flammen, Mensch,
ihr hättet's kaum geglaubt!
Das Feuer sah wie Zungen aus auf jedem Jüngerhaupt.
sie lachten und sie riefen, denn nicht einer war verbrannt,
doch sie redeten in Sprachen, die kein Mensch
im Haus verstand!

Mensch, das war ein großer Aufruhr, viele Tausend kamen an,
hörten ihre eig'ne Sprache, und sie staunten ehrlich, Mann.
Alle dachten, dass die Jünger völlig sturzbetrunken wärn,
dabei hatten sie doch nur den Heil'gen Geist
von Gott, dem Herrn.

Doch Petrus rief: »Hey Leute, ihr braucht einen neuen Start,
Jesus kann euch dabei helfen, auch wenn ihr echt eklig wart.«
Dreitausend Menschen hörten das und glaubten es aufs Wort,
sie gaben Gott ihr Leben und man taufte sie sofort.

Nun habt ihr diesen Rap gehört und super mitgemacht.
Was Gott an Action drauf hat – Mensch, wer hätte das gedacht?
Sein Heil'ger Geist ist übrigens auch heute für uns da,
In ihm ist Gott uns jeden Tag im Leben wirklich nah!

BIBELSTELLENREGISTER

Reinhold Frey, Michael Hübner, Frieder Trommer (Hrsg.)

Geschichten für die Jungschar von A-Z

Ein Werkbuch

136 Seiten, ABCteam-Paperback, Bestell-Nr. 112 880

Abgeben – Abschreiben – Advent – so geht es weiter bis Wunder – Wüste – Zachäus – Zukunft: Geschichten über Geschichten, alte und neue, die sich in der Jugendarbeit bewährt haben, zu manchem Stichwort mehrere. Dabei ist es jedem Mitarbeiter freigestellt, die knappe Erzählung auszuweiten oder weiter zu verknappen – je nach Zeit oder Situation in der Gruppe. Vorangestellt wird eine aus der Praxis gewonnene Hilfe für den Erzähler: Wie beginnt man, wie schließt man eine Geschichte ab, wenn man sie einer Andacht, einer Bibelarbeit voranstellt oder einen Nachmittag mit ihr abschließen will? Wie steht es mit der Wahrheit einer Geschichte: Gleichnis, Anekdote, Erlebnis . . .

Die Herausgeber sammelten hier Geschichten zu etwa 200 Themen, die in der Arbeit mit Jungen und Mädchen von 10 bis 12 Jahren »dran sind«, und geben Tips, wie diese Geschichten und in welchem Zusammenhang sie erzählt werden können.

Sybille Kalmbach

Bibel kreativ

Kinder erleben spielend biblische Geschichten

160 Seiten, ABCteam-Paperback, Bestell-Nr. 111 192

Besen bekommen Augen, Füße Gesichter und aus Knetmasse entsteht der See Genezareth. Wo Kindern biblische Geschichten nahegebracht werden, soll es kreativ zugehen: Vorlesen reicht nicht. Kinder wollen selbst zu Werke gehen. Dieses Arbeitsbuch bietet eine Fülle von Anregungen für Jungschargruppen und Kindergottesdienste zu 11 ausgewählten Geschichten aus dem Alten und Neuen Testament.

Mit Hilfe einer Spielreihe lässt sich so die Zerstreuung der Menschen beim Turmbau zu Babel erfahren; wie Josef, Maria und das Kind auf der Flucht nach Ägypten behütet werden, kann man am besten in Liedern und Spielen mit Hüten begreifen.

In klar gegliederten Einheiten, die die Vorbereitung erleichtern, stellt die Autorin einige der zahllosen Möglichkeiten vor, wie man Kindern die Bibel heute vermitteln kann, und regt zu eigener Kreativität an.

Sybille Kalmbach ist Erzieherin und Diakonin und arbeitet als Jugendreferentin im Evangelischen Jugendwerk für den Bezirk Leonberg in Württemberg.